Martin R. Textor

Zukunftsorientierte Pädagogik

Martin R. Textor

Zukunftsorientierte Pädagogik: Erziehen und Bilden für die Welt von morgen

Wie Kinder in Familie, Kita und Schule zukunftsfähig werden

Herstellung und Verlag: BoD – Books on Demand, Norderstedt

Alle Rechte vorbehalten – Printed in Germany

3. Auflage 2022

© Martin R. Textor, www.martin-textor.de

Umschlagfoto: © AlienCat – Fotolia.com

ISBN 978-3-8448-1444-6

Inhalt

Einleitung

Bei der Erziehung und Bildung von Kindern geht es immer um deren Zukunft. Wir wollen ihnen diejenigen Kenntnisse und Fertigkeiten mitgeben, die sie benötigen, damit sie später in der Arbeitswelt erfolgreich sein, positive Beziehungen zu anderen Menschen aufbauen und ihr persönliches Glück finden können.

Um dieses Ziel zu erreichen, müssten wir uns eigentlich Fragen wie die folgenden stellen: Wie werden die Kinder von heute in 20 oder 40 Jahren leben? In was für einer Welt werden sie dann zurechtkommen müssen? Mit welchen Herausforderungen werden sie konfrontiert werden? Wie können wir unsere Kinder „fit für die Zukunft" machen? Was benötigen sie an Kenntnissen und Schlüsselqualifikationen, um in 10 oder 20 Jahren beruflich und privat erfolgreich sein zu können?

Tatsache ist aber: Obwohl diese Fragen logisch sind, werden sie nicht gestellt! Sonderbarerweise wird eher rückwärts gerichtet gedacht. Eltern fragen: Wie wurde ich als Kind erzogen? Will ich meine Kinder genauso erziehen – oder was will ich ändern? Erzieherinnen fragen: Wie kann ich die Vorgaben des vom zuständigen Ministerium verabschiedeten Bildungsplans in meiner Kindergruppe umsetzen? Eignen sich alle Kinder die dort genannten Kompetenzen an? Lehrer fragen: Wie berücksichtige ich die Ziele und Inhalte des Lehrplans in meinem Unterricht? Haben meine Kinder das gelernt, was sie in den letzten Tagen lernen sollten? Und bei diesen Fragen bedenken weder Erzieherinnen noch Lehrer, dass die Bildungs- bzw. Lehrpläne nicht nur schon einige Jahre alt sind, sondern dass bei ihrer Erstellung bzw. Aktualisierung nur gegenwartsorientiert gedacht wurde: Was benötigen Kinder heute noch zusätzlich an Wissen und Kompetenzen?

Aber wir wollen unsere Kinder doch nicht für ein Leben in der Vergangenheit bilden und erziehen, sondern für ein Leben in der Zukunft! Dann müssen sie sich bewähren. Deshalb müssen wir dringend umdenken, also überlegen, wie sich die Lebens- und Arbeitsbedingungen in den nächsten Jahren und Jahrzehnten weiterentwickeln werden, welche Qualifikationen unsere Kindern dann benötigen und wie wir jetzt die Grundlagen dazu legen können.

Dieses Ziel verfolgt die „Zukunftsorientierte Pädagogik". Im ersten Teil des Buches wird zunächst beschrieben, wie sich Zukunftsforscher die Welt in 20 oder 30 Jahren vorstellen. Nach jedem Kapitel werden relevante Kompetenzen aufgezeigt, die Menschen zur Bewältigung der jeweiligen Zukunftsentwicklungen benötigen. Die so erarbeiteten Fähigkeiten und Fertigkeiten werden im zweiten Teil des Buches zusammengefasst. Im dritten Teil wird diskutiert, wie Familie, Kindertageseinrichtung und Schule Kinder „zukunftsfähig" machen können.

Zukunftstrends und in den kommenden Jahren benötigte Kompetenzen können natürlich nur mit einem hohen Unsicherheitsfaktor prognostiziert werden, da letztlich offen ist, wie sich die Zukunft entwickeln wird. Auch lassen sich Fähigkeiten nur schwer lehren, die vermutlich in Zukunft benötigt werden, aber von den heutigen Eltern, Erzieherinnen und Lehrern nicht beherrscht werden. Kindern und Jugendlichen sollte also so viel an Lernfähigkeit, Kreativität und Flexibilität mitgegeben werden, dass sie sich eines Tages die dann benötigten Kompetenzen selbst aneignen können. Aber auch die den Kindern und Jugendlichen vermittelten Werte und Einstellungen werden in Zukunft eine große Rolle spielen, da sie mitbestimmen, wie die nächste Erwachsenengeneration mit großen Herausforderungen wie Klimawandel, Umweltverschmutzung, Alterung der Bevölkerung, Zuwanderung, Wissensexplosion, technologischen Neuerungen usw. umgehen wird.

Die Welt von morgen

Mein Großvater väterlicherseits lebte von 1882 bis 1954. Es ist undenkbar, dass zum Zeitpunkt seiner Geburt ein Wissenschaftler einen Vortrag hielt, in dem er voraussagte, dass während des Lebens meines Großvaters z.b. das Auto (1885), das lenkbare Luftschiff (1900), das Flugzeug (1903: Motorflug), der Rundfunk (1923), das Fernsehen (1929), die Perlon- und Nylonfasern (1938), die Fernrakete V2 (1942), der Kernreaktor (1942) und die Atombombe (1945) erfunden würden. Kein Mensch wird damals vorhergesehen haben, dass in den nächsten 70 Jahren Naturwissenschaften und Industrie einen unglaublichen Aufschwung erleben, immer mehr Menschen in die Städte strömen, die Straßen asphaltiert und mit Lampen versehen, die Kaiser- und Königreiche durch Demokratien ersetzt, zwei Weltkriege ausbrechen und die Kommunisten in Russland, China und weiteren Ländern an die Macht kommen würden.

Heute ist die Situation etwas anders. So ist mit der Zukunftsforschung ein interdisziplinäres Arbeitsfeld entstanden, in dem vor allem Wissenschaftler und Manager tätig sind. Wohl gibt es an Universitäten nur wenige Lehrstühle für Zukunftsforschung, aber viele Wissenschaftler befassen sich in ihrem Arbeitsfeld – sei es z.B. Klimatologie, Volkswirtschaft, Biologie, Ozeanographie oder Architektur – mit Zukunftsprognosen. Behörden wie Forschungsministerien und Statistikämter, Unternehmen wie Großbanken und Mineralölkonzerne, Unternehmensberatungen und supranationale Organisationen wie UN, Europäische Kommission und OECD betreiben Zukunftsforschung. Inzwischen gelingt es recht gut, in der Rückschau erkennbare Tendenzen in die Zukunft fortzuschreiben und dabei beispielsweise zu berücksichtigen, dass sich die technische Entwicklung immer weiter beschleunigt.

Dennoch bleiben große Unsicherheitsfaktoren. Weitgehend unvorhersehbar sind vor allem große Naturkatastrophen, selbst wenn man weiß, dass irgendwann beispielsweise Kalifornien und die Region um Tokio von großen Erdbeben betroffen sein werden oder dass unter Neapel und dem Yellowstone National Park Vulkane vor dem Ausbruch stehen. Aber auch große politische Umwälzungen können nicht vorausgesagt werden: So könnte es mit dem Wirtschaftswunder in Ost- und Südasien ein schnelles Ende haben, wenn es in China zu einer neuen Kulturrevolution käme oder wenn in Indien die Hunderte von Millionen Menschen revoltieren würden, die bisher kaum vom Wirtschaftswachstum profitiert haben.

Bei den in diesem Buch vorgestellten Prognosen wurde auf Zitate und Literaturhinweise verzichtet, um den Gedankenfluss nicht zu stören. Auch geht es hier weder um einen vollständigen Überblick über Zukunftsentwicklungen noch darum, einzelne Trends im Detail zu erörtern. Bei der Zielsetzung dieses Buches spielt es z.B. keine Rolle, welche Szenarien die Population Division der UNO bei der Berechnung der zukünftigen Weltbevölkerung unterscheidet – ob also diese bis 2050 von 7,0 auf 8,1 (niedrige Variante), 9,3 (mittlere Variante) oder 10,6 Mrd. Menschen (hohe Variante) ansteigen wird. Genauso wenig müssen unterschiedliche Prognosen zum Klimawandel diskutiert werden – ob beispielsweise der weltweite Temperaturanstieg 4 oder 6 Grad bis 2100 betragen oder vielleicht sogar noch höher liegen wird. Für die Argumentation dieses Buches ist nur entscheidend, dass es solche Trends gibt und dass die Kinder von heute als Erwachsene die damit verbundenen Herausforderungen bewältigen müssen.

Des Weiteren soll noch angemerkt werden, dass dieses Buch keine zukunftspessimistische Haltung vermitteln oder gar Angst vor der Zukunft machen will. Allein der Blick zurück auf die letzten 150 Jahre zeigt, dass nahezu jede Generation große Herausforderungen gemeistert hat – denken wir nur an den Deutsch-Französischen Krieg, den Ersten und den Zweiten Weltkrieg oder an die 1929 einsetzende Weltwirtschaftskrise, das Dritte Reich oder die Wiedervereinigung. Auch war der technologische Wandel für meinen Großvater (s.o.) sicherlich einschneidender als für die Kinder von heute, die in ihn hineinwachsen und mit ihm groß werden. Welches Kind scheut vor neuer Technik so zurück wie es viele Erwachsene tun? Auch die heranwachsende Generation wird sich mit Sicherheit an die Zukunftsentwicklungen anpassen und die jeweiligen Anforderungen bewältigen. Aber dies wird ihr leichter gelingen, wenn wir sie darauf vorbereiten...

Wie werden sich also Weltordnung, Umwelt, Technik, Wirtschaft, Arbeitswelt, Gesellschaft, Familie und Kindheit in den nächsten 20, 30 Jahren verändern? Auf diese Frage soll im Folgenden eine Antwort versucht werden.

Der internationale Kontext

Bis zum Jahr 2050 wird die Weltbevölkerung von 7,7 auf ca. 9,7 Mrd. Menschen ansteigen. Dann kämen 75 Menschen auf einen Quadratkilometer Landfläche (ohne Antarktis). Das ist nicht viel, wenn man bedenkt, dass es in Deutschland derzeit 232 Menschen sind. Allerdings findet das Bevölkerungswachstum vor allem in Regionen statt, die schon jetzt Probleme mit Wassermangel, unzureichender landwirtschaftlicher Produktion und Armut haben. Hier ist in Zukunft mit Wanderungsbewegungen und ethnischen Spannungen zu rechnen. Zugleich wird das Durchschnittsalter der Weltbevölkerung von 31 Jahren voraussichtlich auf 36 Jahre im Jahr 2050 steigen. Dann müssen mehr Senioren versorgt werden, was in ärmeren Ländern ohne Rentenversicherungssysteme zu neuen sozialen Notlagen führen dürfte.

Seit 2008 lebt mehr als die Hälfte der Menschheit in Städten. Ihr Anteil wird in den kommenden Jahrzehnten weiter zunehmen – 2050 werden es fast drei Viertel sein. Immer mehr Menschen werden in Megastädten mit mehr als 10 Mio. Einwohnern leben. In den meisten Städten werden Umweltprobleme (Luftverschmutzung, kein bzw. unsauberes Wasser, Müllberge, unzureichendes Klären von Abwasser) und Armut zunehmen. Die Zahl der Slumbewohner wird weiter steigen.

In den 40 weltweit größten Ballungsräumen werden zwei Drittel der Weltwirtschaftsleistung und vier Fünftel der technologischen Innovationen erbracht, obwohl hier nur ein kleiner Teil der Weltbevölkerung lebt. Die meisten Warenströme verlaufen zwischen diesen Zentren bzw. zwischen ihnen und dem jeweiligen Umfeld. In den Ballungsräumen haben die meisten Konzerne ihren Sitz; hier agiert eine zunehmend global denkende und lebende Elite. Zu ihnen stoßen immer mehr Akademiker und Fachkräfte hinzu, die zuvor in Entwicklungsländern lebten, weil sie in den OECD- bzw. Schwellenländern bessere berufliche Chancen haben und mehr verdienen. Diese Menschen „leben" die Globalisierung, bilden aber nur eine kleine

Minderheit: Rund 90% der Weltbevölkerung kennt ausschließlich ihr Heimatland – und hier oft nur die Region um ihren Geburtsort herum. So gibt es im Grunde bloß eine „Semi-Globalisierung" (Pankaj Ghemawat).

Die Globalisierung führte dazu, dass Unternehmen viele Arbeitsplätze in „billigere" Länder verlagert haben. So ist in höher entwickelten Staaten zum einen die Arbeitslosenquote gestiegen und stagnieren zum anderen die Erwerbseinkommen der Arbeitnehmer. Zudem haben sich in vielen Schwellen- und Entwicklungsländern die Arbeitsbedingungen verschlechtert oder wird der Umweltschutz vernachlässigt, weil man entweder Arbeitsplätze halten oder „teurere" Länder unterbieten will. Die Verlagerung von Arbeitsplätzen von höher zu weniger entwickelten Ländern wird erst dann ein Ende finden, wenn Roboter billiger als Arbeitnehmer in Schwellen- und Entwicklungsländern produzieren können oder wenn aufgrund gestiegener Energiepreise die Transportkosten zu hoch werden. Das wird vor allem für Arbeitsplätze in der Industrie gelten, weniger aber für solche im Dienstleistungsbereich, in der Forschung und Entwicklung.

Das Weltgeschehen wird in den nächsten Jahren weiterhin durch Finanz- und Schuldenkrisen geprägt sein. Sie begannen im Frühjahr 2007 mit der US-Immobilienkrise, die u.a. durch die aufgrund sehr niedriger Zinssätze erfolgte Ausweitung der Kreditvergabe an Schuldner mit mäßiger Bonität sowie durch die Verbriefung von US-Hypothekenkrediten und den weltweiten Vertrieb dieser „Collateralized Debt Obligations" verursacht wurde. Die Folgen waren Verluste und Insolvenzen bei Unternehmen der Finanzbranche (insbesondere Banken), die zum Teil nur aufgrund staatlicher Fremdkapitalspritzen weiter bestehen konnten. Die Finanzkrise weitete sich in vielen Ländern zu einer Wirtschaftskrise aus, der die Regierungen durch Konjunkturprogramme und die Zentralbanken durch eine radikale Absenkung der Zinsen zu begegnen versuchten. Letztere führte zum einen dazu, dass die Schulden von Unternehmen, Staaten, Privathaushalten und dem Privatsektor stark steigen, sodass in der Zukunft mit neuen Schuldenkrisen zu rechnen ist. Zum anderen rentieren die Geldanlagen von Erwerbstätigen und Rentnern kaum noch, was z.B. in den USA oder in Australien in vielen Fällen zur Verschiebung des Renteneintritts führt.

Diese Krisen erschüttern das Vertrauen in das kapitalistische Wirtschaftssystem – aber auch in die Politik, da viele Bürger mit den späten, halbherzigen und immer hinter den Ereignissen auf den Finanzmärkten hinterher hinkenden Reaktionen der Politiker nicht zufrieden sind und den Eindruck gewannen, dass Unternehmen der Finanzbranche auf ihre Kosten (Steuern) bzw. unter Beeinträchtigung ihrer Zukunftsaussichten oder derjenigen zukünftiger Generationen (Staatsschulden) gerettet würden. Insbesondere wenn sich die vorgenannten Krisen wieder verschärfen bzw. zu einer lang anhaltenden Rezession oder einer hohen Inflation führen sollten, könnte es zu starken Protestbewegungen und Regierungsumstürzen kommen.

Zudem stehen in den kommenden 30 Jahren weitere Krisen an:

- Klimawandel: Die zunehmende Erderwärmung könnte in vielen Regionen der Welt zu Dürren und Überschwemmungen führen (s.u.). Viele Menschen müssten dann ihre Siedlungsräume verlassen. So geht das UN-Flüchtlingswerk von rund 250 Mio. Klimaflüchtlingen bis zum Jahr 2050 aus.
- Ernährungskrise: Das weltweite Bevölkerungswachstum, die von den Ressourcen her aufwändigere Ernährung der zunehmenden Zahl von Mittelschichtsangehörigen in Schwellen- und Entwicklungsländern (z.B. mehr Fleisch- und Milchkonsum), der durch die Urbanisierung bedingte Verlust an zuvor landwirtschaftlich genutzten Flächen, die vielerorts abnehmende Fruchtbarkeit des Ackerbodens, Wassermangel, Erosion und Versteppung werden zu einer Lebensmittelknappheit führen. Hinzu kommt, dass immer mehr Nutzpflanzen für die Erzeugung von Biokraftstoffen verwendet werden. Der schleichende Rückgang bei der weltweiten Lebensmittelproduktion wird zum einen zu weiter steigenden Lebensmittelpreisen führen. Zum anderen könnte die Zahl der Hungernden – von Menschen, die diese Kosten nicht aufbringen können – wieder ansteigen.
- Energie- und Rohstoffkrise: Auf der einen Seite nimmt der Bedarf an Energieträgern wie Erdöl, Erdgas und Steinkohle sowie an anderen Rohstoffen (insbesondere in den Schwellenländern) rasant zu, auf der anderen Seite schrumpfen die

bekannten Vorkommen und werden irgendwann weitgehend ausgebeutet sein. So werden Rohstoffe in einigen Jahrzehnten knapper und teurer werden.

Weltweites Bevölkerungswachstum, Klimawandel sowie Ernährungs-, Energie- und Rohstoffkrisen werden die Menschheit verstärkt auf die „Grenzen des Wachstums" stoßen lassen, die der Club of Rome schon in den frühen 1970er Jahren proklamierte. Das kapitalistische System, der verschwenderische Umgang mit natürlichen Ressourcen, der Massenkonsum, die „Wegwerf"-Gesellschaft haben keine Zukunft mehr. Jedoch ist heute das Zeitfenster für Gegenmaßnahmen viel kleiner als vor 40 Jahren. Zudem haben Finanz- und Schuldenkrisen die Aufmerksamkeit von diesen viel größeren Problemlagen abgelenkt – und gleichzeitig die finanziellen Ressourcen vermindert, die den Staaten für Gegenmaßnahmen zur Verfügung stehen. Die durch die zunehmende Alterung der Bevölkerung in (hoch) entwickelten Ländern bedingten zusätzlichen Kosten für Renten, medizinische Versorgung und Pflege werden in den kommenden Jahren die finanziellen Spielräume noch mehr begrenzen.

Das weitgehende Ignorieren von Problemen und der fehlende politische Wille zu einschneidenden Maßnahmen (z.B. zur Reduzierung des Ausstoßes von Klimagasen oder zur Geburtenkontrolle) lassen es immer wahrscheinlicher erscheinen, dass die Menschheit das Rennen gegen die Zeit verlieren wird. Dementsprechend nimmt der Zukunftspessimismus in vielen Ländern zu.

Benötigte Kompetenzen

Für alle in diesem Buch vorgestellten Zukunftstendenzen gilt grundsätzlich, dass sich Kinder und Jugendliche – vor allem im Schulalter – mit diesen Entwicklungen befassen sollten, damit sie wissen, was in den kommenden Jahrzehnten auf sie zukommen wird. Sie benötigen somit Zukunftswissen. Dazu gehört auch, dass sie sich mit weltweiten Trends wie dem Bevölkerungswachstum in Entwicklungs- und Schwellenländern, der Urbanisierung, der Globalisierung, der zunehmenden Staatsverschuldung und den bevorstehenden Engpässen bei der Versorgung mit Rohstoffen und Lebensmitteln auseinandersetzen, aber auch mit aktuellen Finanz- und Wirtschaftskrisen. Da Prognosen aber nur begrenzt verlässlich sind, müssen sie auch lernen, mit Ungewissheiten zu leben.

Dabei sollten Kinder und Jugendliche weder Angst vor der Zukunft noch ein Gefühl der Hoffnungslosigkeit entwickeln („Daran kann ich ja doch nichts ändern!"). Vielmehr gilt es, aus einem realistischen Zukunftswissen heraus relevante Einstellungen und Verhaltenstendenzen auszubilden: Insbesondere sollten Jugendliche und Heranwachsende die Grenzen des Wachstums akzeptieren, sich also darauf einstellen, dass die (Welt-) Wirtschaft nicht weiter durch Ressourcenverschwendung und Umweltverschmutzung wachsen kann und dass der Staat nicht mehr Wohltaten auf Kosten künftiger Generationen verteilen wird, ja nicht nur sparen, sondern auch Schulden abbauen muss. Im Vergleich zu vielen anderen Ländern haben wir in Deutschland Wohlstand und einen relativ hohen Lebensstandard erreicht, der vermutlich durch eine gerechtere Steuerpolitik, eine bessere Verteilung der Unternehmensgewinne und den Umbau der „Wegwerf"- zur „Recycling"-Gesellschaft gesichert, aber wohl kaum noch ausgeweitet werden kann.

Da die meisten Kinder und Jugendlichen ohne materielle Sorgen aufwachsen und ein Großteil ihrer Konsumwünsche erfüllt wird, mag es ihnen schwer fallen, später zu sparen oder auf etwas zu verzichten. Deshalb sollten sie möglichst frühzeitig auf eventuelle Einschränkungen hinsichtlich ihres Lebensstandards vorbereitet werden, zu denen es in den nächsten Jahrzehnten kommen könnte. Die Lebensqualität sollte für sie eine größere Bedeutung bekommen als der reine Konsum oder das Anhäufen von Besitztümern. Das muss ihr subjektives Wohlbefinden nicht beeinträchtigen. So hat die Glücksforschung gezeigt, dass andere Glücksfaktoren als rein materielle für die Lebenszufriedenheit immer wichtiger werden, je besser die Grundbedürfnisse abgedeckt sind.

Wenn Jugendliche und Heranwachsende realistische Zukunftserwartungen entwickeln, wird zum einen Enttäuschungen und den damit verbundenen Gefahren (z.B. einer Radikalisierung) vorgebeugt. Zum anderen wird die Bereitschaft geweckt, mehr auf sich selbst und sein soziales Netz (Selbsthilfe) als auf den Staat zu setzen, zugunsten anderer Menschen (z.B. Senioren und Pflegebedürftige im eigenen Land, Arme und Hungernde in Entwicklungsländern) auf etwas zu verzichten sowie einen energiesparenden und ressourcenschonenden Lebenswandel anzustreben.

Die neue Weltordnung

Während derzeit die USA als größte Weltmacht das politische Geschehen dominieren, wird für die kommenden Jahrzehnte mit dem Entstehen einer multipolaren Welt gerechnet: China und Indien werden eine immer größere Rolle in der Weltpolitik spielen. Europa wird wohl eine wichtige Wirtschaftsmacht bleiben, aber nicht zu einem einflussreichen globalen Akteur werden, da nationale Interessen weiterhin eine gemeinsame Außen- und Sicherheitspolitik erschweren. Zudem werden die Entwicklungsmöglichkeiten der EU-Länder durch den Rückgang der arbeitsfähigen Bevölkerung und durch die wegen der Überalterung stark ansteigenden Sozialausgaben immer mehr begrenzt werden. Die Handelsbeziehungen zu Russland und anderen Staaten im Osten könnten an Bedeutung gegenüber der Beziehung zu den USA gewinnen.

Die Situation in Entwicklungsländern, denen es nicht gelingt, zu den Schwellenländern aufzuschließen, wird sich aufgrund des hohen Bevölkerungswachstums und des Klimawandels (Überschwemmungen, Dürren, Versteppung, Erosion von Böden) verschlechtern. Hunderte Millionen Menschen werden kaum ihren Lebensunterhalt verdienen. Aufgrund der hohen Verschuldung werden die finanziellen Spielräume der Regierungen begrenzt sein. In Entwicklungsländer wird auch in Zukunft wenig investiert werden (außer zur Ausbeutung von Bodenschätzen bzw. Rohstoffen); die weitaus meisten Direktinvestitionen gehen in OECD- und Schwellenländer.

Neben durch (Bürger-) Kriege vertriebene Menschen wird es zunehmend Klimaflüchtlinge geben. Besser qualifizierte Menschen, die in ihrem Heimatland nur wenig verdienen, diskriminiert werden oder keine Zukunftschancen sehen, werden ihr Heil in der Migration suchen. Dieser Braindrain wird die wirtschaftliche und gesellschaftliche Entwicklung in den betroffenen Ländern bremsen.

Benötigte Kompetenzen

Je größer die Bedeutung von Staaten wie China und Indien wird, umso wichtiger wird es, eine auf die westliche Welt, auf Europa oder gar nur auf Deutschland beschränkte Sichtweise zu erweitern und eher global zu denken. Kinder, Jugendliche und Heranwachsende müssen sich vermehrt mit Ländern befassen, die in den kommenden Jahrzehnten eine größere Rolle auf dem Weltmarkt und im politischen Weltgeschehen spielen werden. Das bedeutet natürlich nicht, dass nordamerikanische oder europäische Staaten vernachlässigt werden können – aber die Gewichte müssen verschoben werden.

Kinder, Jugendliche und Heranwachsende benötigen zum einen Wissen über die wichtigsten Regionen und Länder unserer Welt. Dazu gehören Kenntnisse über Geografie, Geschichte, Bevölkerung, Religion, Kultur, Wirtschaft, Gesellschaft und Politik. Zum anderen sollten Kinder und Jugendliche interkulturelle Kompetenzen für den Umgang mit Menschen aus anderen Ländern ausbilden – seien es Migranten oder Touristen in Deutschland oder seien es Personen, mit denen sie auf Urlaubsreisen zusammentreffen. Aber auch für spätere Studien- oder Arbeitsaufenthalte im Ausland bzw. für geschäftliche Kontakte sind solche Kompetenzen von großer Bedeutung.

Junge Deutsche müssen somit lernen, die Einstellungen, Werte und religiösen Haltungen von Menschen aus anderen Ländern zu tolerieren, sich an deren Sitten, Lebensweisen und Ernährungsgepflogenheiten anzupassen sowie mit ihnen zu kommunizieren und zusammenzuarbeiten. Gute Englischkenntnisse sind in Zukunft unverzichtbar; bei Bedarf müssen aber auch Sprachen wie Mandarin, Hindi, Spanisch oder Russisch beherrscht werden. Mit Englisch und (Hoch-) Chinesisch kann man sich bereits mit der Hälfte der Weltbevölkerung verständigen.

Ferner sollten Kinder und Jugendliche Kenntnisse über Entwicklungsländer erwerben, insbesondere über deren Probleme. Sie sollten Verständnis für arme und hungernde Menschen sowie für Wirtschafts- und Klimaflüchtlinge entwickeln und motiviert werden, diesen (später) im Rahmen ihrer Möglichkeiten zu helfen.

Umweltveränderung und Klimawandel

In den kommenden Jahrzehnten wird die Umwelt immer stärker durch Überbevölkerung und Urbanisierung beansprucht werden. Durch den Klimawandel, die Monokulturen und den Anbau von Pflanzen, die auf dem Weltmarkt gefragt sind, aber vor Ort nur dank der rücksichtslosen Ausbeutung von Boden und Wasserressourcen wachsen, werden immer mehr Landstriche unfruchtbar werden. Derzeit ist ein Drittel der weltweiten Ackerfläche von Erosion betroffen, während immer mehr Weideland aufgrund von Überweidung durch Rinder, Schafe und Ziegen verloren geht. Ferner werden immer mehr Urwaldflächen abgeholzt bzw. abgebrannt – mit verheerenden Folgen für das Klima, produzieren die tropischen Regenwälder doch 40% des Sauerstoffs.

Die Zerstörung der Umwelt führt zu einem starken Rückgang an Biodiversität. Bis zum Jahr 2050 könnten neben vielen Pflanzenarten etwa 30% der Amphibien, 23% der Säugetiere und 12% der Vögel ausgestorben oder vom Aussterben bedroht sein; rund 70% aller Korallenriffe dürften zerstört sein. Und falls die Überfischung nicht gestoppt wird, wird es im Jahr 2050 laut UN keine kommerzielle Fischerei mehr geben. Damit wären 1 Mrd. Menschen ihrer einzigen Proteinquelle beraubt.

Während in den OECD-Staaten die Umweltverschmutzung reduziert wurde, wird sie in den Schwellen- und Entwicklungsländern aufgrund der rasanten Industrialisierung immer größer. Zudem hat der von der Welthandelsorganisation (WTO) vorangetriebene Abbau von nichttarifären Handelshemmnissen (z.B. Importquoten oder Produktionsstandards) dazu geführt, dass viele Staaten Gesetze zum Umwelt- und Verbraucherschutz „verwässert" haben. Dadurch leidet auch die Gesundheit der Menschen.

Die Zukunft der Menschheit wird außerdem durch den Klimawandel beeinträchtigt. So ist seit der Industrialisierung ein von Menschen verursachter weltweiter Temperaturanstieg zu beobachten, der bisher ca. 1,5 Grad beträgt und sich immer mehr beschleunigt. Er ist mit einem Anstieg von Naturkatastrophen und einer Ausbreitung von Krankheiten wie Malaria, Cholera und Dengue-Fieber gen Norden verbunden.

Der Temperaturanstieg wird größtenteils durch den zunehmenden Ausstoß von Kohlendioxid bedingt – der trotz 25 Weltklima-Gipfeln (2019) noch nicht gebremst werden konnte. Vielmehr wird aufgrund der weiter steigenden Weltbevölkerung, der Konsumorientierung in den hoch entwickelten Ländern und dem rasanten Wirtschaftswachstum in den Schwellenländern mit einem noch größeren Kohlendioxid-Ausstoß gerechnet. Alleine in China wird inzwischen mehr Kohle verbrannt als in den USA, in der EU und in Japan zusammengenommen. Deshalb wird nach den meisten Prognosen mit einem Temperaturanstieg von 3,4 bis 4 Grad bis zum Jahr 2100 gerechnet.

Aufgrund der höheren Temperaturen und der damit zusammenhängenden größeren Verdunstung hat die Niederschlagsmenge in den letzten 100 Jahren um rund 7% zugenommen. Allerdings gibt es erhebliche regionale Unterschiede: Während die Niederschläge in den Tropen und in den hohen Breiten der Nordhemisphäre stark angestiegen sind, haben sie in den semiariden Gebieten wie der Sahel-Zone abgenommen. In Südeuropa, im Südwesten der USA und in Australien werden Trockenperioden das regionale Klima bestimmen und zu immer mehr Waldbränden führen.

Laut UNESCO lebt schon jetzt fast die Hälfte der Weltbevölkerung in Gebieten, in denen es mindestens in einem Monat pro Jahr zu wenig Wasser gibt. Im Jahr 2050 werden mehr als 5 Mrd. Menschen unter Wassermangel leiden. So könnten politische und gesellschaftliche Spannungen wegen der Verteilung des vorhandenen Wassers zunehmen.

Aufgrund des Abschmelzens von Gletschern und des Eises in Arktis und Antarktis steigt der Meeresspiegel um 3,4 mm pro Jahr. Er könnte zur Jahrhundertwende um 1 m höher liegen als heute. Dann dürfte die Heimat von derzeit 150 bis 200 Mio. Menschen überflutet sein.

In Deutschland werden die Sommer in den kommenden Jahrzehnten heißer und trockener. Unter der Trockenheit werden die Schifffahrt und vor allem die Kraftwerksbetreiber leiden: Über die Hälfte des aus der Natur entnommenen Wassers wird in Deutschland von der Energiewirtschaft verbraucht. Ferner werden Hitze und Trockenheit regional zu Ernteeinbußen führen. Auch wird das Waldsterben zunehmen. Wärme- und trockenheitstolerante Baumarten werden zunehmend Nadelbäume ersetzen.

Die Winter werden künftig in Deutschland deutlich milder und feuchter ausfallen als heute; der Heizbedarf wird sinken. Es wird aber mit schweren Stürmen und sintflutartigen Regenfällen im Winter gerechnet, verbunden mit Hochwasser und Murenabgängen in den Bergen. Außerdem müssen sich die Küstenländer auf höhere Sturmfluten einstellen. Weite Teile von Ostfriesland, Bremen oder Hamburg werden Mitte des Jahrtausends im Durchschnitt einmal pro Jahr überflutet werden.

Benötigte Kompetenzen

Einerseits sollten Kinder und Jugendliche Wissen über die Bedeutung natürlicher Ressourcen und der Artenvielfalt, über die weltweite Umweltzerstörung und -verschmutzung sowie den Klimawandel erwerben und andererseits ein Umweltbewusstsein und Liebe zur Natur entwickeln. Allerdings hat in den letzten Jahren die Naturentfremdung aufgrund von Urbanisierung und Verhäuslichung zugenommen – es wird sogar schon von einer „Natur-Defizit-Störung" (Richard Louv) gesprochen. So sollten Kinder und Jugendliche mehr Naturerfahrungen machen, denn nur das, was man liebt, ist man auch bereit zu schützen. Dann werden sie als Heranwachsende und Erwachsene praktischen Umweltschutz betreiben, also z.B. versuchen, ihren „ökologischen Fußabdruck" (Mathis Wackernagel/ William E. Rees) so klein wie möglich zu halten. Zugleich werden sie bereit sein, sich im Rahmen ihrer Möglichkeiten für den weltweiten Umweltschutz einzusetzen. Wissen sie, dass die westliche Welt die Erderwärmung weitgehend verursacht hat und noch zu ihr beiträgt, werden sie auch Klimaflüchtlinge unterstützen und eventuell in Deutschland willkommen heißen.

Wissensexplosion und technologischer Wandel

In den Jahrhunderten bis zur Erfindung des Buchdrucks hat sich das Wissen der Menschheit nur ganz langsam vermehrt – und über Jahrhunderte hinweg waren sogar Rückschritte zu verzeichnen (z.B. in

Europa während des „finsteren" Mittelalters). Seitdem Bücher und Zeitschriften die Verbreitung von Wissen ermöglichen und insbesondere seit Beginn der Industriellen Revolution steigt das Wissen exponentiell an: Jedes Jahr wird immer mehr Wissen von einer immer größer werdenden Zahl von Wissenschaftlern, Ingenieuren und anderen Fachleuten produziert, das dank neuer Medien (z.B. Internet, E-Books, E-Journals) immer schneller verbreitet werden kann.

So befinden wir uns derzeit in einer Übergangsphase von der Dienstleistungs- zur Wissensgesellschaft. Wie durch die Technisierung immer mehr Arbeitsplätze von Land- und Fabrikarbeitern weggefallen sind, werden in Zukunft auch immer mehr Dienstleistungen automatisiert bzw. von Robotern übernommen werden. Eine zunehmende Zahl von Menschen – Wissenschaftler, Ingenieure, Techniker, Lehrer, Fortbildner – wird mit der Wissensproduktion und -verbreitung befasst sein. Dabei müssen sie sich aufgrund der sich beschleunigenden Wissensexplosion immer stärker spezialisieren, da sie nur dann in ihrem (kleiner werdenden) Spezialgebiet auf dem Laufenden bleiben können. Auch wird die Wettbewerbsfähigkeit eines Landes immer mehr davon abhängen, über wie viel (neues) Wissen es als kulturelles Kapital verfügt.

Mit dem exponentiellen Wachstum des Wissens ist eine entsprechende Beschleunigung der technischen Entwicklung verbunden. Im Gegensatz zum letzten Jahrhundert verläuft sie nicht nur schneller, sondern auch auf immer mehr Gebieten gleichzeitig. Während im 19. und zu Beginn des 20. Jahrhunderts zunächst die Dampfmaschine und dann der Verbrennungsmotor die technische Entwicklung dominierten, gibt es heute keine dominanten Technologien mehr: Informations-, Kommunikations-, Bio- und Nanotechnologie, Medizin-, Gen-, Fahrzeug-, Luft- und Raumfahrttechnik, Maschinenbau und Robotik entwickeln sich mit einer rasanten Geschwindigkeit weiter. Große Fortschritte werden auch bei der Nutzung erneuerbarer Energien und bei der Herstellung von Biotreibstoff aus ganz unterschiedlichen Substanzen gemacht.

Die exponentielle Zunahme des Wissens und die sich beschleunigende technische Entwicklung sind für viele Menschen unverständlich und machen ihnen Angst. Sie fühlen sich von all dem Neuen überwältigt und haben das Gefühl, den Anschluss zu verpassen –

oder bereits verpasst zu haben. Humanethologen erklären dies damit, dass die Menschheit von ihrem Erbgut und ihrer Stammesgeschichte her nur auf kleine, linear verlaufende Veränderungen eingestellt sei. So ist es nicht verwunderlich, dass sich manche Menschen diesen Entwicklungen gegenüber verschließen. Auch viele Politiker und andere gesellschaftliche Kräfte haben Schwierigkeiten, mit der Wissensexplosion und dem rasanten technischen Wandel sowie mit der damit zusammenhängenden zunehmenden Komplexität der Wirtschafts- und Finanzsysteme zurechtzukommen und bei Bedarf (wie z.b. bei der Euro-Krise) auf effektive Weise steuernd einzugreifen.

In den kommenden Jahrzehnten werden Menschen von immer mehr Technik an ihren Arbeitsplätzen, in ihren Wohnungen und auf öffentlichen Flächen umgeben sein. Beispielsweise werden Heizung, Klimaanlage, Kühlschrank und andere Haushaltsgeräte miteinander vernetzt sein und zentral gesteuert werden können. Autos werden zunehmend über neue Antriebstechnologien und Sicherheitssysteme verfügen; auf manchen Strecken werden sie auch vollautomatisch fahren können. Computer werden noch viel leistungsfähiger und kleiner werden. Sie verstehen bereits das gesprochene Wort und können auf Fragen verbal antworten. Computer werden Daten nicht nur speichern, sondern auch deren Bedeutung erfassen (semantisches Web).

Aufgrund der Informationsflut wird es immer schwieriger werden, den Überblick zu behalten sowie Wichtiges von Unwichtigem zu trennen. Deshalb werden Computerprogramme für das Management und die Analyse von "Big Data" eine immer größere Bedeutung erhalten. Zunehmend werden sie auch Informationen verarbeiten, die von Maschinen erzeugt wurden, für deren Steuerung benötigt werden oder für andere Maschinen bestimmt sind. Schon jetzt sind Milliarden Geräte miteinander vernetzt. Immer mehr Systeme werden vollautomatisch kontrolliert werden – von Atomkraftwerken über Stromnetze bis hin zu Kommunikationssystemen.

Hier wird deutlich, dass technische Prozesse zunehmend von künstlicher Intelligenz gesteuert werden. Diese spielt auch eine große Rolle in der Robotik. Während z.B. in den USA vor allem Erkundungs- und Militärroboter für die Kriegsführung entwickelt werden, konzentriert sich Japan auf die Entwicklung von Servicerobotern, die

die zunehmende Zahl alter Menschen versorgen und die durch den Rückgang der Zahl erwerbsfähiger Erwachsener frei werdenden Arbeitsplätze ausfüllen können. Industrieroboter werden in hoch entwickelten Ländern schon seit langem in Fabriken eingesetzt. Inzwischen gibt es aber auch Roboter, die wie Menschen aussehen, alten oder behinderten Menschen assistieren, Haushaltstätigkeiten übernehmen, Musikinstrumente spielen, als Empfangsdamen oder Fremdenführer fungieren oder bei Theaterstücken mitwirken.

Roboter übernehmen immer mehr Arbeit in der Industrie, im Handel, in der Landwirtschaft und im Dienstleistungsbereich. In manchen Sektoren könnten sie zwischen einem Drittel und der Hälfte der derzeit dort beschäftigten Arbeitnehmer ersetzen. Dies wird weniger ein Problem für Länder mit niedriger Geburtenrate sein, da hier die Zahl der Personen im Erwerbsalter abnimmt. Auch werden es die geringen Kosten bzw. wird es die hohe Produktivität von Robotern erleichtern, die zunehmende Zahl von Rentnern zu unterhalten. In anderen Ländern könnte diese Entwicklung jedoch zu einer rasant ansteigenden Arbeitslosigkeit führen, zumal hoch entwickelte Staaten Fabriken zurückverlagern dürften, wenn die Produktion durch Roboter preiswerter ist als durch „Billigarbeiter".

Nach dem Jahr 2030 werden (humanoide) Roboter wahrscheinlich intelligenter als Menschen sein und dann auch ein eigenes Bewusstsein haben. Sie werden in einem hohen Maße lern- und anpassungsfähig sein. Zudem werden sie selbständig neue Roboter herstellen können, wobei jede „Generation" intelligenter und leistungsfähiger als die vorausgegangene sein dürfte. So werden Roboter immer autonomer werden.

Aber auch die Menschen werden sich weiterentwickeln. So wird die Medizin immer mehr Krankheiten heilen können, was zu einem großen Sprung bei der Lebenserwartung führen dürfte (auf 100 und mehr Jahre). Allerdings könnte die rasante Zunahme Antibiotikaresistenter Erreger auch dazu führen, dass wieder mehr Menschen an Infektionskrankheiten sterben werden. In Zukunft werden Biosensoren die wichtigsten Körperfunktionen überwachen und frühzeitig Erkrankungen entdecken. Die Diagnostik wird auch durch Microarrays – molekularbiologische Untersuchungssysteme – verbessert werden, durch die menschliche Zellen auf der biochemischen Ebene analisiert werden können, inklusive der DNA. Mit Hilfe von Nanorobotern von der Größe einer Blutzelle werden z.b. Krankheitserreger, Plaque oder Krebszellen ausfindig gemacht und zerstört werden. Zudem werden in absehbarer Zeit Organe, Adern, Knochen und Haut aus körpereigenen Zellen mit Hilfe von Bioprintern hergestellt werden. Ferner können Behinderungen im körperlichen und Sinnesbereich immer besser durch technische Hilfsmittel und Implantate kompensiert werden – sofern ihre Entstehung nicht durch Gentherapie verhindert worden ist.

Erkenntnisse aus Medizin, Hirn- und Genforschung werden auch eingesetzt werden, um Menschen leistungsfähiger zu machen. Das könnte z.b. bei Embryos durch Eingriffe in das Erbgut oder bei Kindern, Jugendlichen und Erwachsenen durch Psychopharmaka geschehen, die das Lernen erleichtern oder das Wachstum neuer Gehirnzellen anregen. Manche Zukunftsforscher erwarten auch Gehirnimplantate, mit deren Hilfe Menschen nonverbal kommunizieren oder durch die Informationen und Kenntnisse von einem Computer aus in das Gehirn (und umgekehrt) übertragen werden. Ferner könnte es in Einzelfällen zum Austausch von menschlichen Gliedmaßen durch künstliche kommen, sodass diese Cyborgs z.b. im Sport bessere Leistungen erbringen würden. Ansonsten lässt sich die Körperkraft schon jetzt durch Exoskelette steigern.

Neben der ethischen Problematik ist hier noch zu bedenken, dass sich vermutlich nur reiche Menschen bzw. Länder solche Verbesserungen körperlicher und geistiger Fähigkeiten leisten werden. So könnten die bereits bestehenden Unterschiede zwischen Wohlhabenden und Ärmeren bzw. zwischen reichen und armen Ländern weiter vergrößert werden. Ferner könnten auch Diktatoren oder Verbrecher diese Mittel nutzen, um ihre Macht zu vergrößern.

Auf jeden Fall ist damit zu rechnen, dass um das Jahr 2040 herum autonome, lernfähige und intelligente Roboter sowie medizinisch-medikamentös, gentechnisch und technologisch „verbesserte" Menschen koexistieren werden. Die weitere Entwicklung der Menschheit wird dann durch die Biologie begrenzt sein – die der Roboter aber nicht...

Benötigte Kompetenzen

In der sich anbahnenden Wissensgesellschaft müssen sich Kinder, Jugendliche und Heranwachsende einerseits ein möglichst breites Allgemeinwissen und andererseits immer spezieller werdende berufliche Kenntnisse aneignen. Besonders positiv ist, wenn sie Interesse an den MINT-Fächern (Mathematik, Informatik, Naturwissenschaften und Technik), an den Rechts- und Wirtschaftswissenschaften sowie an Medizin und Hirnforschung entwickeln, da diese Disziplinen von besonderer Bedeutung für die Zukunft Deutschlands sind.

Da das Wissen immer schneller zunimmt und einmal erworbene Kenntnisse rasch veralten, werden auch lernmethodische Kompetenzen immer wichtiger: Kinder, Jugendliche und Heranwachsende müssen lernen, wo man auf effiziente Weise jeweils relevante Informationen findet, wie man ihren Wert und ihre Verlässlichkeit beurteilt und wie man sie in bereits vorhandene Kenntnisse integriert – sie müssen das Lernen lernen. Dazu wird in Zukunft auch gehören, dass sie Computerprogramme für Datenmanagement und -analyse verwenden können.

Außerdem müssen junge Menschen lernen, das erworbene Wissen zu nutzen und zu kommunizieren: Da das eigene Spezialgebiet immer kleiner wird, werden sie als Erwerbstätige in den meisten Arbeitsfeldern zunehmend mit Spezialisten mit anderen Schwerpunkten kooperieren müssen. Sie müssen in diese Teams ihr Fachwissen so einbringen, dass die anderen Mitglieder es verstehen können – nur durch das Zusammenspielen und Verknüpfen unterschiedlicher Spezialkenntnisse wird das jeweilige Team seinen Arbeitsauftrag erfüllen können.

Neben der lernmethodischen Kompetenz sind aber nicht nur Kommunikations- und Kooperationsfähigkeiten von Bedeutung, sondern auch grundlegende Haltungen: Neugier, Lernmotivation, Forschungsdrang, Experimentierfreude, Konzentrationsfähigkeit, Durchhaltevermögen usw. Als besonders wichtig gelten ferner die Bereitschaft zu lebenslangem Lernen sowie die Ausbildung von Reflexionsfähigkeit, Urteilsvermögen und Problemlösekompetenz.

Je schneller der technologische Wandel verläuft und je mehr Technikbereiche gleichzeitig betroffen sind, umso bedeutsamer wird auch die Anpassungsfähigkeit des jeweiligen Menschen: Kinder, Jugendliche und Heranwachsende dürfen keine Angst vor neuen Technologien und Geräten haben, sondern sollten sich ihnen neugierig und experimentierfreudig nähern. Das gilt ebenfalls für die Zusammenarbeit mit Robotern, die auch dann nicht als Konkurrenten oder gar als Feinde betrachtet werden dürfen, wenn sie dank großer künstlicher Intelligenz und ausgefeilter technischer Fertigkeiten leistungsfähiger als Menschen geworden sind.

Bedenkt man, dass in den kommenden Jahren Rohstoffe und Energieträger immer knapper werden und dass Umweltzerstörung und -verschmutzung weiter zunehmen werden (s.o.), ist auch eine kritische Haltung gegenüber neuen technischen Errungenschaften nötig. Schon Kinder und Jugendliche sollten beurteilen können, ob sie z.B. immer das aktuellste Smartphone oder die leistungsstärkste Spielkonsole benötigen. Nur dann werden sie als Erwachsene Technologiesprünge erst einmal bewerten, bevor sie neue Geräte kaufen. Solch eine kritische Haltung wird auch dann sinnvoll sein, wenn es um die Nutzung von Medikamenten, humangenetischen Verfahren, Implantaten oder künstlichen Gliedmaßen geht, um die eigene Leistungsfähigkeit zu verbessern, oder wenn technische Errungenschaften mit Risiken verbunden sind.

Wirtschaft und Arbeitsmarkt

Inwieweit sich Deutschland in Zukunft auf dem Weltmarkt behaupten kann, wird davon abhängen, ob der Wirtschaft der Übergang von der Dienstleistungs- zur Wissensgesellschaft gelingt und ob sie bei Zukunftstechnologien und -branchen wettbewerbsfähig bleibt. Eine immer größere Rolle wird dem Social Commerce zukommen, also dem Ermöglichen von sozialen Interaktionen beim Shopping im Internet. Ferner müssen mehr Produkte und Dienstleistungen für Senioren entwickelt werden – schon heute stammt jeder dritte Euro, der in Deutschland privat ausgegeben wird, von einem Menschen über 60 Jahre; im Jahr 2050 werden es mehr als 40% sein. Schließlich muss die deutsche Wirtschaft immer schneller neue Produkte zur Marktreife führen können, da die Produktlebenszyklen kürzer werden.

In den kommenden Jahren werden mehr als 20% der Arbeitnehmer in Dax-Konzernen in Rente gehen – Menschen aus geburtenstarken Jahrgängen. Schon jetzt fehlen viele Fachkräfte, und der ungedeckte Bedarf wird in den kommenden Jahren zunehmen. Die Konkurrenz der Arbeitgeber um die aufgrund des Geburtenrückgangs immer weniger werdenden Berufsanfänger wird größer werden, was sich wahrscheinlich auf die Anfangslöhne und -gehälter auswirken und zu einer Verringerung des Abstands zum Endeinkommen führen wird. Zudem werden im Jahr 2030 bereits 40% der Berufseinsteiger einen Migrationshintergrund haben – und diese liegen derzeit hinsichtlich ihrer schulischen Qualifikation weit hinter deutschen Berufseinsteigern.

Als Folge der Bevölkerungsentwicklung in Deutschland werden die Belegschaften immer älter werden: Das Durchschnittsalter der Arbeitnehmer wird von derzeit 44 auf 48 Jahre im Jahr 2050 steigen. Die Altersspanne der Mitarbeiter wird in manchen Unternehmen und Behörden 55 Jahre umfassen. Entgegen der Befürchtungen vieler Arbeitgeber bedeutet dies nicht, dass Innovationskraft und Produktivität leiden werden. So zeigen wissenschaftliche Untersuchungen, dass Unternehmen mit einem höheren Anteil älterer Arbeitnehmer nicht per se weniger produktiv sind.

Die Alterung der Belegschaften wird die Arbeitgeber zu einer Änderung ihrer bisher stark jugendzentrierten Personalpolitik zwingen und sie sehr viel seltener als bisher von der Möglichkeit der Frühverrentung Gebrauch machen lassen. Je mehr das Durchschnittsalter der Arbeitnehmer ansteigt und je weniger jüngere Arbeitssuchende auf dem Arbeitsmarkt zu finden sind, umso wichtiger werden Fort- und Weiterbildung für den Erhalt von Berufsfähigkeit und Arbeitsleistung – schließlich müssen dann Innovation und Produktivitätszuwächse vermehrt von älteren Arbeitnehmern geleistet werden. Auch werden Arbeitsplätze zunehmend altersgerecht gestaltet werden, beispielsweise durch ergonomische Neuerungen, technische Unterstützungssysteme und kreativere Arbeitszeitmodelle. Ferner wird mehr Wert auf die betriebliche Gesundheitsförderung gelegt werden.

In den kommenden Jahren wird die Arbeitswelt zunehmend „feminisiert" werden: Spätestens im Jahr 2030 werden mehr Frauen als

Männer erwerbstätig sein. So schrumpft die Zahl der Hausfrauen immer mehr – aber auch die Zeitdauer von geburtenbedingten Berufsunterbrechungen, da Kleinkinder immer früher und länger Tageseinrichtungen und ältere Kinder immer häufiger Ganztagsschulen besuchen. Zudem müssen mehr Frauen arbeiten, weil sie alleinstehend sind, weil das Einkommen der (Ehe-) Partner nicht ausreicht, weil sie bei generell sinkenden Rentenansprüchen eine eigene Altersversorgung aufbauen wollen oder weil sie als Geschiedene bzw. Alleinerziehende nicht mehr wie früher Unterhalt für sich selbst erhalten. Und immer mehr Frauen wollen arbeiten, weil sie eine gute Berufsausbildung erworben oder ein Studium abgeschlossen haben, weil sie durch ein eigenes Einkommen unabhängig bleiben möchten oder weil sie Selbstverwirklichung und Anerkennung im Beruf suchen.

Da junge Frauen inzwischen bessere Schul-, Berufs- und Hochschulabschlüsse erwerben als Männer, da sie immer häufiger keine Kinder bekommen (derzeit bleibt mehr als ein Fünftel aller Frauen kinderlos) und da die Familiengründung seltener als früher ein Karrierehindernis ist (wegen einer nur kurzen Elternzeit und der Ganztagsbetreuung von Kindern), werden sie in den kommenden Jahren zunehmend in Führungspositionen hineinrücken. Laut dem Zukunftsforscher Horst W. Opaschowski werde die Wirtschaft bis 2030 vom „patriarchalischen" System Abschied nehmen und einen eher „weiblichen" Führungsstil favorisieren: Frauen würden pragmatischer denken und effizienter arbeiten, langfristig planen, Sitzungen straffer leiten, risikoreiche Investitionen meiden und besser mit Geld umgehen. Gleichzeitig werden die Karrierechancen für Männer schlechter werden. Hinzu kommt, dass in der Wissensgesellschaft traditionell männliche Eigenschaften wie körperliche Arbeitskraft, Aggressivität und Risikobereitschaft weniger gefragt sind als eher weibliche Eigenschaften wie Kommunikationsfähigkeit, Sozialkompetenz, Informations- und Zeitmanagement.

In den kommenden Jahren werden in Fabriken immer mehr Arbeitsgänge von Robotern übernommen werden. So werden weniger Menschen als Arbeiter tätig sein. Der Dienstleistungssektor wird hingegen an Bedeutung gewinnen, wobei aber auch hier einfache Tätigkeiten zunehmend automatisiert werden. Dementsprechend werden niedriger qualifizierte Stellen seltener werden. In Zukunft werden selbst für relativ einfache Arbeiten gute IT- und Fremdsprachenkenntnisse erforderlich sein. Beispielsweise müssen Automechaniker schon jetzt mit Computern und Elektronik umgehen können. Auch benötigen sie ein Grundvokabular in Englisch, da viele Programme in dieser Sprache abgefasst sind.

Die Konkurrenz um niedriger qualifizierte Stellen wird somit größer werden – was vermutlich zu einer geringeren Entlohnung führen wird. Hingegen werden hoch qualifizierte Personen – auch aufgrund des größer werdenden Fachkräftemangels und der zunehmenden Konkurrenz zwischen den Arbeitgebern – immer besser verdienen. Allerdings werden sie dafür eine hohe Arbeitsleistung erbringen müssen und somit unter einem enormen Leistungsdruck stehen. Sie werden häufiger als Selbständige tätig sein, zum Teil mit erfolgsabhängiger Entlohnung.

Für die Zukunft wird erwartet, dass die Zahl der sozialversicherungspflichtig Beschäftigten zurückgehen wird. Immer mehr Arbeitnehmer werden Teilzeitjobs oder befristete Stellen annehmen müssen, zeitweise freiberuflich tätig sein bzw. zwischen verschiedenen Beschäftigungsformen wechseln, mal mehr, mal weniger verdienen. Dies wird keinesfalls nur für gering qualifizierte Arbeitnehmer gelten, sondern ebenfalls für viele Akademiker mit einem „falschen" Hochschulabschluss.

Trotz Bevölkerungsrückgang und Fachkräftemangel wird es auch in absehbarer Zeit eine hohe Arbeitslosenquote geben. Un- und angelernte Arbeitnehmer sowie solche ohne verwertbare Qualifikationen werden es noch schwerer als heute haben, eine Beschäftigung zu finden. Da der Staat aufgrund der hohen Ausgaben für Senioren und Kranke voraussichtlich nur noch sehr begrenzte Leistungen für Langzeitarbeitslose erbringen kann, wird deren Lebensstandard niedrig sein. Manche wenig qualifizierte Menschen werden aber in Selbsthilfenetzwerken ein Auskommen oder in der Schattenwirtschaft einen Zusatzverdienst finden.

Benötigte Kompetenzen

Eignen sich Kinder, Jugendliche und Heranwachsende kognitive, lernmethodische, kommunikative und kooperative Kompetenzen sowie Allgemein- und (später) Spezialwissen an (s.o.), werden sie sich auf dem Arbeitsmarkt der Zukunft behaupten können. Sie sollten somit nach möglichst hohen Qualifikationen trachten – und natürlich nach solchen, die von potenziellen Arbeitgebern nachgefragt werden.

Aber auch Kreativität, Innovationsfähigkeit und Produktivität sind wichtige Kompetenzen für die Zukunft, da immer schneller neue Produkte entwickelt werden müssen, die zudem vom Design und ihren Eigenschaften her besonders ausgefallen sein sollen. Da die Produktionszyklen immer kürzer sein werden, sind hinsichtlich ihrer Planung organisatorische Fähigkeiten von Bedeutung. Um neue Produkte oder Dienstleistungen so schnell und so effektiv wie möglich auf dem Markt zu platzieren, sind unternehmerische Kompetenzen nötig.

Da in Unternehmen, Behörden, Verbänden und Organisationen zum einen die Altersspanne zwischen den Mitarbeitern immer größer werden wird und da zum anderen hier immer mehr Menschen mit ganz unterschiedlichen Migrationshintergründen zusammenarbeiten müssen, werden in Zukunft intergenerationale und interkulturelle Kompetenzen eine größere Rolle spielen. Jugendliche und Heranwachsende müssen die Bereitschaft entwickeln, als Erwachsene Mitarbeiter mit einem anderen Geschlecht, einer anderen Herkunft oder aus einer anderen Altersgruppe vorurteilsfrei als Vorgesetzte, Kollegen oder Untergebene zu akzeptieren. Junge Männer sollten auch eher „weibliche" Fähigkeiten wie Kommunikationsfertigkeiten, Sozialkompetenz und Zeitmanagement entwickeln, weil diese in der kooperativen Arbeitswelt von morgen eine hohe Relevanz besitzen. Je länger ältere Arbeitnehmer erwerbstätig bleiben müssen, umso wichtiger wird das lebenslange Lernen, aber auch das Weiterentwickeln kreativer und innovativer Kompetenzen. Zudem müssen sie viel Wert auf den Erhalt ihrer Gesundheit legen.

Insbesondere wenn Heranwachsende als Selbständige bzw. Freiberufler erwerbstätig werden, wird von ihnen eine hohe Flexibilität und Mobilität erwartet, da ihre Auftraggeber immer wieder wechseln werden. Zudem werden sie Fähigkeiten der „Selbstvermarktung" entwickeln müssen, indem sie z.b. alle Möglichkeiten des sozialen Webs nutzen. Wie andere junge Menschen auch sollten sie eine hohe Leistungsmotivation entwickeln und bereit sein, abends oder zu Hause zu arbeiten. Ferner müssen sie lernen, mit hohem Leistungsdruck und großem Stress zurechtzukommen, ohne dass es zu einem Burnout kommt. So können sie sich z.b. Entspannungsverfahren aneignen.

Das „abwechslungsreichere" Arbeitsleben

Die „klassische" Biographie mit den Phasen Ausbildung, Vollzeitbeschäftigung (am selben Ort) und Ruhestand wird man in Zukunft immer weniger finden. Während derzeit im Durchschnitt alle 10 Jahre der Arbeitgeber gewechselt, aber zumeist der Beruf beibehalten wird, werden viele Erwerbstätige in Zukunft ein- oder mehrmals umschulen – es werden also häufiger Ausbildungszeiten bis hin zu einem (neuen) Studium zwischen den Arbeitsstellen liegen. Die Loyalität gegenüber dem jeweiligen Arbeitgeber wird abnehmen, weil Beschäftigungsverhältnisse zunehmend als zeitlich begrenzt wahrgenommen werden. Arbeitnehmer werden auch häufig den Wohnort wechseln – entweder weil sie eine andere Stelle antreten oder weil sie vom Arbeitgeber versetzt wurden. Diese Mobilität wird zu mehr Vereinzelung und zu einer größeren Zahl von Wochenendehen führen. Bei multinationalen Unternehmen wird der neue Arbeitsplatz oft auch im Ausland liegen, sodass (Ehe-) Partner und Kinder entweder im Heimatland bleiben oder ebenfalls umziehen müssen – mit all den damit verbundenen Problemen.

„Klassische" Stellen mit einer Arbeitszeit zwischen 8 und 17 Uhr werden immer seltener werden. In Zukunft werden noch mehr Beschäftigte im Schichtdienst, an Abenden, in der Nacht und an Wochenenden tätig sein müssen. Ein großer Teil der Arbeitnehmer wird aber auch flexible Arbeitszeiten haben. Insbesondere Wissens- und Kreativarbeiter werden immer häufiger ihren Berufsalltag frei gestalten können und sogar nachts oder zu Hause arbeiten dürfen, falls davon eine Produktivitätssteigerung erwartet wird. Viele Selbständige werden über die volle Orts- und Zeitsouveränität verfügen, da sie dank Smartphone und Internet überall und jederzeit erreichbar sind.

Auch in den nächsten 40 Jahren werden Angestellte und Selbständige ihren Beruf in Büros ausüben. Viele werden aber auch gelegentlich oder sogar regelmäßig von zu Hause aus arbeiten. Auf der einen Seite werden sie immer häufiger bei der Arbeit unterbrochen werden, z.B. durch eingehende E-Mails oder das regelmäßige Checken des Smartphone. Dies wird ihre Leistung beeinträchtigen – laut einer Studie von Microsoft Research dauert es nach einer Unterbrechung etwa eine viertel Stunde, bis man sich wieder voll auf die jeweilige Aufgabe konzentriert. Zum anderen müssen aufgrund der ständigen Produktivitätssteigerung immer weniger Mitarbeiter immer mehr leisten (Arbeitsverdichtung). So werden insbesondere höher qualifizierte Arbeitnehmer häufiger Arbeit nach Hause mitbringen und am Abend oder am Wochenende erledigen, zumal sie dann ungestört sind.

Da Innovationszyklen rasend schnell aufeinander folgen, wird die Beschleunigung der Arbeit weiter zunehmen. Kenntnisse und Fertigkeiten werden rasch veralten – ohne lebenslanges Lernen geht nichts mehr. So wird in den nächsten Jahren der Fort- und Weiterbildungsbereich expandieren: Berufstätige werden sich in Zukunft vermehrt Kenntnisse und Kompetenzen in betriebsinternen und -externen Kursen, bei privaten Instituten, durch multimediale Lehr- und Schulungsprogramme, via Internet, im Ausland oder direkt am Arbeitsplatz unter Anleitung erfahrener Kollegen aneignen. Auch wird es mehr modulare Bildungsangebote seitens der Hochschulen und privater Anbieter geben. So werden die Menschen im Verlauf ihres Lebens immer wieder neue Abschlüsse und Zertifikate erwerben.

In Unternehmen wird ein immer größerer Teil der Fort- und Weiterbildung online erfolgen, zumal damit häufig bessere Lernerfolge als mit traditionellen Trainingsprogrammen erreicht werden. In Zukunft wird es immer mehr Lerngemeinschaften im Internet geben, in denen Fachleute mit ähnlichen Arbeitsschwerpunkten miteinander diskutieren, voneinander lernen, sich wechselseitig beraten und auf Wunsch die Rolle eines Mentors übernehmen. Auch Online-Kurse, Lernzirkel zu bestimmten Themen und gemeinsame Projekte werden von den Unternehmen häufiger angeboten werden.

Wie bereits erwähnt, werden sich Erwerbstätige stärker spezialisieren müssen, da sie nur noch in ganz kleinen Bereichen auf dem Laufenden sein können. Sie müssen sich immer intensiver mit Informationen befassen, um auf diese Weise einen Wissensvorsprung vor der Konkurrenz zu erlangen. Aufgrund der zunehmenden Informationsüberflutung werden sie auch mehr Zeit für das Wissensmanagement benötigen.

Bedingt durch die hohe Spezialisierung werden Berufstätige die meisten Tätigkeiten nur noch in Kooperation mit anderen erledigen können. Der Arbeitsplatz wird zum Ort des Gesprächsaustausches und der gegenseitigen Anregung werden, da viele Ideen in Besprechungen generiert werden. Erwerbstätige werden vermehrt in zeitlich begrenzten Projekten arbeiten, wobei sich mit jedem Projekt auch die Zusammensetzung des Teams ändern kann. Deren Mitglieder werden immer seltener denselben Arbeitgeber haben – im jeweiligen Projekt werden Mitarbeiter von mehreren Unternehmen mit Kunden, Selbständigen und Wissenschaftlern aus Forschungseinrichtungen zusammenarbeiten, denn nur so können noch auf effiziente Weise neue Waren und Dienstleistungen entwickelt werden. Dementsprechend werden in Teams Personen mit ganz unterschiedlichen Qualifikationen kooperieren – z.B. Ingenieure, Naturwissenschaftler, Mathematiker, Informatiker, Designer, Marketing- und Werbe-Fachleute.

Die Projektarbeit wird den Erwerbstätigen zum einen mehr Flexibilität abverlangen: Sie werden immer wieder an anderen Orten und mit anderen Menschen zusammenarbeiten müssen. Allerdings wird auch häufiger von Videokonferenzen Gebrauch gemacht werden – schon jetzt werden spezielle Büros mit mehreren Bildschirmen und Kameras ausgestattet, können Präsentationen, Abbildungen oder Statistiken gleichzeitig an verschiedenen Orten betrachtet und diskutiert werden. Unternehmen werden damit zu Netzwerken, deren räumlich verstreute Mitglieder sich unabhängig von Ort und Zeit austauschen. Zum anderen wird von den Erwerbstätigen immer mehr Kreativität verlangt werden – aus „Made in Germany" muss „Created in Germany" werden, da zumindest in der nahen Zukunft die Produktion vieler Güter bzw. ihrer Bestandteile in anderen Ländern erfolgen wird.

Benötigte Kompetenzen

Jugendliche und Heranwachsende müssen sich auf ein Arbeitsleben einstellen, in dem Flexibilität und (weltweite) Mobilität von großer Bedeutung sein werden: Zum einen werden sie häufiger als die Erwerbstätigen von heute Arbeitgeber, Arbeitsplatz und Wohnort wechseln. Aber auch die Arbeitszeiten werden noch unterschiedlicher werden. Bei einem Berufswechsel werden sie über die Bereitschaft zum lebenslangen Lernen hinaus die Motivation mitbringen müssen, noch einmal ganz von vorn zu beginnen (z.B. mit einer neuen Ausbildung oder einem weiteren Studium). Zum anderen werden Jugendliche und Heranwachsende als zukünftige Erwerbstätige vermehrt mit anderen Menschen – oft an wechselnden Orten – kooperieren müssen, zu denen häufig Kollegen mit Migrationshintergrund oder Mitarbeiter aus anderen Ländern gehören dürften. Dann werden sie Fremdsprachenkenntnisse und interkulturelle Kompetenzen benötigen.

Jugendliche und Heranwachsende sollten sich darauf einstellen, dass sie sich als Erwerbstätige kontinuierlich fort- und weiterbilden müssen – auch in ihrer Freizeit. Sie müssen motiviert sein, immer wieder Zusatzqualifikationen zu erwerben. Da das Arbeitsleben hektischer werden wird, sollten Kinder, Jugendliche und Heranwachsende lernen, wie man die Informationsflut beherrscht, wie man externe Störungen (z.B. durch eingehende WhatsApp-Nachrichten oder E-Mails) ausschaltet und wie man sich voll auf die jeweilige Aufgabe konzentriert.

Da die zukünftigen Erwerbstätigen zunehmend in Teams und in Projekten arbeiten werden, sind kommunikative, interpersonale und kooperative Kompetenzen von großer Bedeutung. Ferner sind Selbstbewusstsein, Selbstvertrauen und Durchsetzungsfähigkeit wichtig, damit sich die jungen Menschen in einer Arbeitsgruppe Gehör verschaffen und ihr Spezialwissen einbringen können.

Aber auch neue Führungsfähigkeiten werden nachgefragt sein: Vorgesetzte bzw. Manager werden nicht wie bisher Mitarbeiter mit ähnlichen Kenntnissen und Fertigkeiten haben, wie sie weitgehend selbst besitzen. In Zukunft werden sie vielmehr Teammitglieder anleiten müssen, die jeweils spezielle Kenntnisse und Kompetenzen haben, über welche die Manager nicht verfügen. Zudem werden die Mitarbeiter oft keine „Untergebenen" sein, da sie z.B. von anderen Abteilungen, von Zulieferfirmen, von Hochschulen oder von Kunden entsandt wurden, um nur für die Dauer eines Projekts in dem jeweiligen Team zu arbeiten. So werden Vorgesetzte gefragt sein, die nicht im klassischen Sinne führen und anordnen, sondern die die Kreativität der Teammitglieder frei setzen, produktive Interaktionen stimulieren, Kooperationsprozesse fördern, Konflikte schlichten und benötigte Ressourcen bereitstellen können. Solche Kompetenzen können ansatzweise bereits in Kindheit und Jugend ausgebildet werden.

Demografische Entwicklung

Mitte 2021 lebten in Deutschland nach Schätzung des Statistischen Bundesamtes rund 83,1 Mio. Menschen. Laut den neun Hauptvarianten der 14. koordinierten Bevölkerungsvorausberechnung werden es im Jahr 2040 zwischen 80,7 und 84,6 Mio. und 2060 zwischen 74,0 und 84,5 Mio. Menschen sein. In jedem Fall wird es zu einer Alterung der Gesellschaft kommen. Beispielsweise wird laut Variante 9 die Zahl der 65-Jährigen und Älteren von 17,8 Mio. (21,5% der Bevölkerung) im Jahr 2018 auf 23,7 Mio. (28,7%) im Jahr 2040 bzw. 23,8 Mio. (31,1%) im Jahr 2060 steigen. Mit der Alterung der Bevölkerung wird der Altenquotient – die Anzahl der Menschen im Rentenalter je 100 Personen im Erwerbsalter – erheblich zunehmen. Im Jahr 2018 kamen laut vorgenannter Variante 35,7 Senioren im Alter von 65 Jahren und mehr auf 100 Personen zwischen 20 und 64 Jahren. Ihre Zahl wird auf 47,5 im Jahr 2030, 53,8 im Jahr 2040, 56,0 im Jahr 2050 und 60,8 im Jahr 2060 zunehmen. Bei den anderen acht Hauptvarianten der Bevölkerungsvorausberechnung steigt der Altenquotient für 2060 auf Werte zwischen 49,5 und 64,9 – es kommt also in jedem Fall eine große Belastung auf den erwerbsfähigen Bevölkerungsteil zu. Wenn man bedenkt, dass nicht alle Menschen zwischen 20 und 64 Jahren voll erwerbstätig sind, sondern manche noch eine Ausbildung machen oder studieren, andere arbeitslos sind oder nur wenig verdienen, und wieder andere sich in der Familienphase befinden, dann geht die Tendenz dahin, dass Mitte dieses Jahrhunderts ein Arbeitnehmer fast alleine für einen Rentner aufkommen müsste.

Dies ist natürlich nicht möglich. So ist es unausweichlich, dass in den kommenden Jahrzehnten Menschen einerseits weit über ihr 65. Lebensjahr hinaus arbeiten werden und andererseits mit geringer werdenden Rentenansprüchen rechnen müssen. Selbst dann werden laut einer Prognos-Studie schon im Jahr 2030 die Rentenversicherungsbeiträge auf 22,0% und 2040 auf 23,8% steigen – und die Beiträge für Krankenkassen und Pflegeversicherung auf 20,6% bzw. 22,9%. Letzteres ist auch dadurch bedingt, dass ältere Menschen mehr Kosten verursachen als jüngere. Zudem wird die Zahl der Pflegebedürftigen laut dem Demografieportal von 4,1 Mio. zum Jahresende 2019 auf 5,4 Mio. im Jahr 2040 und 6,2 Mio. im Jahr 2060 zunehmen. Viele von ihnen werden auf öffentliche Unterstützung angewiesen sein, da immer häufiger Partner oder erwachsene Kinder fehlen werden, die bisher weitgehend die Pflege übernahmen. Dementsprechend werden mehr geriatrische und gerontopsychiatrische Abteilungen in Krankenhäusern, mehr Senioren- und Pflegeheime, mehr Tages- und Kurzzeitpflegeplätze sowie mehr ambulante pflegerische, hauswirtschaftliche und Mahlzeitendienste benötigt werden.

In den kommenden Jahren ist mit großen sozialen Spannungen zu rechnen, die zu einem „Generationenkrieg" führen könnten. Auf der einen Seite werden die Menschen im Erwerbsalter stehen, die nicht immer höher werdende Sozialversicherungsbeiträge und Steuern zahlen wollen – und können. Sie werden von der Wirtschaft unterstützt werden. Auf der anderen Seite werden die Senioren stehen, die für den Erhalt der Leistungen von Renten-, Kranken- und Pflegeversicherung bzw. für ihre Pensionen kämpfen werden. Sie werden alleine schon aufgrund ihrer zunehmenden Zahl immer mehr politische Macht erlangen: Bei der Bundestagswahl 2021 waren bereits 38,2% der Wahlberechtigten älter als 60 Jahre – in einigen Jahren werden es mehr als 40% sein. Hinzu kommt, dass die Wahlbeteiligung im Seniorenalter deutlich höher ist als in allen anderen Altersgruppen. So müssen Politiker die Belange alter Menschen immer mehr beachten – wobei sie auch von ihren Parteimitgliedern dazu gedrängt werden: In CDU und SPD ist schon die Hälfte der Mitglieder älter als 60 Jahre.

Jugendliche und Heranwachsende benötigen nicht nur Wissen über die demografische Entwicklung, sondern müssen auch bereit sein, mit den unausweichlichen Konsequenzen zu leben. So sollten sie sich darauf einstellen, dass sie höhere Sozialversicherungsbeiträge und Steuern bezahlen müssen, ihnen also weniger Geld für den Konsum, langlebige Anschaffungen, den Vermögensaufbau oder den Erwerb von Wohneigentum bleiben wird. Diese Benachteiligungen gegenüber vorausgegangenen Generationen werden sie aber nur akzeptieren, wenn sie sehen, dass sich die Senioren mit Kürzungen der Leistungen von Renten-, Kranken- und Pflegeversicherung abfinden. Sie sollten sich aber auch bewusst machen, dass sie mehr erben werden als frühere Generationen, da sie seltener mit (mehreren) Geschwistern teilen müssen und häufiger von kinderlosen Verwandten bedacht werden dürften.

Ferner sollten Kinder, Jugendliche und Heranwachsende die Bedürfnisse und Bedarfe von Senioren, Behinderten und Pflegebedürftigen kennen. Durch häufige persönliche Kontakte können sie lernen, mit diesen Menschen angemessen umzugehen.

Wandel der Gesellschaft

Es ist nicht verwunderlich, dass Menschen in einer Gesellschaft, die sich rasant verändert und viele Probleme vor sich her schiebt, immer mehr Angst haben. So befürchten manche, dass die sich bei Kranken- und Pflegeversicherungen abzeichnenden Sparzwänge dazu führen werden, dass nicht mehr allen Menschen eine gute medizinische Versorgung garantiert werden kann und dass notwendige Operationen und Behandlungen – insbesondere bei älteren Menschen – nicht mehr durchgeführt werden. Sie rechnen damit, dass irgendwann auch festgelegt werden wird, wie lange das Leben eines Hochbetagten verlängert werden darf und in welchen Fällen Euthanasie angezeigt ist.

Auch die Angst vor einer Wohlstandswende nimmt zu. Dazu tragen die Finanzkrisen der letzten Jahre bei. Zudem ist sich die Bevölkerung auch der hohen Staatsverschuldung bewusst, die in den kommenden Jahren immer mehr die Spielräume von Bund, Ländern und Kommunen einschränken wird. Anfang Januar 2021 betrugen die öffentlichen Schulden laut boerse.de 30.688 Euro pro Person und könnten bis Januar 2031 auf 36.782 Euro pro Kopf steigen. Irgendwann werden die Kreditgeber darauf bestehen, dass dieses Geld auch zurückbezahlt wird – z.B. weil Versicherungen immer mehr Lebensversicherungen auszahlen müssen oder Rentner ihr Vermögen auflösen wollen, um ihren Lebensstandard zu sichern oder von Kranken- bzw. Pflegeversicherung nicht übernommene Dienstleistungen zu bezahlen.

In den letzten Jahren hat die Spaltung der deutschen Gesellschaft zugenommen. Im Jahr 1970 besaßen die reichsten 10% der Privathaushalte 44% des gesamten Netto-Vermögens – jetzt sind es laut der Credit Suisse 65%. Hingegen waren im Jahr 2020 dem Statistischem Bundesamt zufolge 24% der Menschen in Deutschland von Armut oder sozialer Ausgrenzung bedroht (laut dem sog. AROPE-Indikator). Viele Menschen leiden auch unter den steigenden Mieten in den Ballungsräumen. So könnten in den kommenden Jahren soziale Spannungen zunehmen.

Hinsichtlich der eigenen Lebensgestaltung wird das Individuum eher noch größere Freiräume als heute haben; tradierte Lebensformen oder in der Jugend übernommene Denk- und Orientierungsmuster werden an Bedeutung verlieren. So werden Menschen vermehrt durch eigene Anstrengung soziale Strukturen aufbauen bzw. individuelle Wertvorstellungen und Denkweisen entwickeln müssen. Dies kann mit Ängsten und Orientierungslosigkeit verbunden sein – aber auch zum Rückzug in die vertraute Heimat führen, sodass entsprechende Identitäten und kulturellen Besonderheiten bewahrt werden. Bei anderen Menschen besteht hingegen eine große Weltoffenheit. Dazu trägt die ungebrochen große Reiselust der Deutschen bei: Im Urlaub, aber auch beruflich, werden andere Kulturen kennen gelernt. Oft werden dann Elemente aus ihnen übernommen oder sogar „multikulturelle" Persönlichkeiten entwickelt.

Der Einfluss der Katholischen und der Evangelischen Kirche dürfte weiter abnehmen. Einer Studie an der Universität Freiburg von 2019 zufolge werden sich die Mitgliederzahlen bis 2030 um 22% und bis 2060 sogar um 49% verringern – von 44,8 auf 22,7 Mio.

Deutsche. Im Jahr 2019 gehörten in Deutschland nur noch 52% der Einwohner einer der beiden Konfessionen an; jetzt könnten die Nicht-Christen bereits in der Mehrheit sein. Hingegen nimmt die Zahl von Mitbürgern, die dem Islam angehören, weiter zu. Die meisten von ihnen werden auch in Zukunft (sehr) religiös sein.

Viele Menschen werden sich weiterhin über ihren Konsum definieren („Ich kaufe, also bin ich"). Zudem werden sie sich dem Sozialwissenschaftler Zygmunt Bauman zufolge zunehmend als „Ware" sehen, die es zu „verkaufen" gilt: mit Hilfe der „richtigen" Bekleidung bis hin zur möglichst positiven Selbstdarstellung auf sozialen Websites. Im Internet wäre „Aufmerksamkeit" zu einer neuen „Währung" geworden, die sich in der Zahl sich selbst registrierender „Freunde" zeigen würde. Laut den Zukunftsforschern Peter Zellmann und Horst W. Opaschowski werden immer mehr Jugendliche und Heranwachsende eine Konsummentalität des „alles sofort", „immer mehr", „immer hastiger" und „immer überdrüssiger" entwickeln.

Die Menschen werden weiterhin in Supermärkten einkaufen, allerdings immer öfters bargeldlos – und dank RFID und Bezahlfunktion auf dem Smartphone ohne Personal an den Kassen. Für Kaufentscheidungen werden Communities, in denen User Produkte bewerten, immer wichtiger werden. So werden die Menschen als Kunden souveräner agieren, da sie über Preise und Qualität der sie interessierenden Produkte und Dienstleistungen gut informiert sind.

Die Menschen werden in den nächsten 20, 30 Jahren weiterhin klassische Printmedien wie Bücher, Zeitungen und Zeitschriften nutzen. Dennoch werden in Deutschland – wie schon in den USA – viele Zeitungen und Zeitschriften nicht überleben, da die Zahl der Käufer bzw. Abonnenten zurückgeht. Bücher werden immer mehr Konkurrenz durch die preiswerteren und zum Teil sogar kostenlosen E-Books erfahren. Es wird nur selten für eine längere Zeitdauer gelesen werden, sondern eher in Pausen oder in „Häppchen".

Die Menge an Informationen, die auf den einzelnen Menschen über die klassischen und neuen Medien, über Smartphones und Tablets einströmen, wird eher noch größer werden. Dazu trägt auch das Multitasking bei: Indem z.B. gleichzeitig Fernseher und Computer genutzt werden, können mehr Informationen aufgenommen werden. Gleichzeitig wird es einer Person immer schwerer fallen, für sie wichtige Daten herauszufiltern sowie deren Qualität und Verlässlichkeit zu beurteilen. Immer Menschen werden sich von der Informationsflut überwältigt und von ihres Erachtens sinnvolleren Tätigkeiten abgelenkt fühlen. Andere werden sich auf sensationelle Nachrichten konzentrieren, wieder andere werden sich zurückziehen und in Sicherheit gebende Welten flüchten (z.b. Sekten oder radikale politische Gruppierungen). Außerdem werden viele Menschen die durch das Internet gegebenen Möglichkeiten der Selbstbildung weiterhin ignorieren und es nur zur Unterhaltung nutzen.

Im Internet zu findende Informationen werden zunehmend nach den Präferenzen einer Person automatisch selektiert werden. Zum einen wird es Programme geben, die z.b. Nachrichten nach den Vorgaben des Nutzers zusammenstellen oder andere Recherchen erledigen. Zum anderen werden Suchmaschinen von Google und anderen Unternehmen so weiterentwickelt, dass bei der Zusammenstellung der Suchergebnisse frühere Anfragen des jeweiligen Nutzers berücksichtigt werden. Die Suchmaschinen lernen also mit der Zeit, welche Interessen, Bedürfnisse, Einstellungen und Gewohnheiten eine Person hat. Daraus wird ein individueller Filter erstellt, durch den Suchergebnisse sortiert werden – und auch auf den jeweiligen Nutzer zugeschnittene Werbung präsentiert wird. Soziale Websites nutzen die dort gespeicherten Informationen über eine Person (und ihren Freundeskreis) ähnlich – einerseits, indem sie diese vermarkten, und andererseits, indem sie ihr „passendere" Informationen senden.

Je mehr Informationen über eine Person im Internet zu finden sind und mit je mehr Daten aus anderen Quellen sie kombiniert werden können, umso mehr wird die Privatsphäre des Menschen schrumpfen, umso durchschaubarer wird er und umso häufiger werden Dritte Entscheidungen auf solcher Grundlage fällen. Beispielsweise werden in den USA schon jetzt Darlehensanträge von Banken abgelehnt, weil die Datenanalyse gezeigt hat, dass auf sozialen Websites genannte Freunde des Antragstellers mit dem Rückzahlen ihrer Darlehen im Verzug geraten sind. Und die amerikanischen Streitkräfte versuchen gezielt solche jungen Erwachsenen anzuwerben, die laut Internet mit Soldaten befreundet sind.

Zudem verfügen immer mehr Smartphones, Autos und Kameras über GPS, sodass deren Standort von Dritten bestimmt werden kann.

Schon jetzt ist es dank entsprechender Software möglich, den von Kameras an öffentlichen Orten aufgenommenen Gesichtern Personen zuzuordnen. Dadurch könnten Menschen nahezu ständig überwacht werden. Ist der jeweilige Standort einer Person bekannt, können Werbebotschaften von umliegenden Geschäften, Restaurants und Banken auf ihr Smartphone gesendet werden. Liegen Informationen über ihr bisheriges Kaufverhalten, ihre Vorlieben und Interessen vor – die von darauf spezialisierten Unternehmen, aber auch von Suchmaschinen und sozialen Websites gesammelt werden (s.o.) –, kann sogar ganz gezielt geworben werden (z.B. mit für sie interessanten Sonderangeboten, im nächsten Kino laufenden Filmen aus ihrem Lieblingsgenre oder nahe gelegenen Restaurants mit der von ihr bevorzugten Küche). So werden Kunden zunehmend „gläsern" werden – die Unternehmen werden z.B. wissen, wo sie sich gerade befinden, wie ihr Konsumverhalten ist, ob sie über viel oder wenig Geld verfügen, ob sie alleine leben oder eine Familie haben.

In den kommenden Jahren wird das Internet das Unterhaltungsmedium Nummer eins sein. Immer mehr Menschen werden Filme und Texte sowohl auf dem Fernseher bzw. dem PC-Bildschirm als auch auf dem Smartphone oder Tablet anschauen. Das Angebot an Fernsehkanälen, Videos und Computerspielen im Internet wird weiter wachsen. Viele Menschen sich dann in virtuellen Welten und Communities heimisch fühlen. Auch dürften immer mehr Orte und Institutionen via Internet aufgesucht werden – bereits jetzt besucht mehr als die Hälfte der Menschen eher virtuelle als physische Museen.

Selbst das soziale Leben wird zunehmend durch das Internet bestimmt werden: Anstatt Verwandte, Freunde und Bekannte zu treffen und mit ihnen direkt zu kommunizieren, wird mit einer immer größeren Zahl von Freunden der Kontakt über das Internet gepflegt, was sehr zeitaufwändig werden kann. So bleibt weniger Zeit für Gespräche – bei denen sich das Smartphone immer im Blickfeld befindet. Insbesondere bei Kindern und Jugendlichen besteht dann die Gefahr, dass soziale Kompetenzen nur noch unzureichend entwickelt werden. Einige Fachleute vertreten aber die Meinung, dass interpersonale und kommunikative Fertigkeiten auch auf sozialen Websites und in virtuellen Welten erprobt und erworben werden können. Außerdem könnte man sich in Internet-Netzwerken „verankert" fühlen, würden immer mehr Menschen dort einen Lebenspartner finden – und Freunde, mit denen sie sich auch treffen würden. Schließlich könnten voneinander weit entfernt lebende Verwandte und Freunde besser den Kontakt über das Internet pflegen als über Briefe oder „klassische" Telefonanrufe (so kann man seinen Gesprächspartner auf dem Handy bzw. Monitor sehen), was die Familienbande stärken würde.

Auch die Sprache wird zunehmend durch die neuen Kommunikationstechnologien geprägt. Zum einen lesen Menschen schlechter und oberflächlicher. Das liegt daran, dass sie – insbesondere jüngere Jahrgänge – weniger lesen. Zudem werden mehr Texte im Internet gelesen, die zumeist kurz gehalten und einfach geschrieben sind. Sie werden in der Regel nur überflogen – die durchschnittliche Verweildauer auf einer Webseite beträgt ca. 0,6 Minuten. Zum anderen erfolgt die schriftliche Kommunikation inzwischen weitgehend per E-Mail, WhatsApp, Twitter usw., wo kurze Aussagen und Abkürzungen die Regel sind und Gefühle durch Emoticons dargestellt werden. Damit wird immer weniger die Schriftsprache mit ihren vielen Adjektiven und Adverbien, mit mehrsilbrigen Wörtern und Begriffen mit vielfältigen Bedeutungen, mit Nebensätzen und anspruchsvollen grammatikalischen Strukturen verwendet. Wenn Suchmaschinen und andere Computerprogramme auf Umgangssprache reagieren und verbal antworten und wenn Diktierprogramme eine fast 100-prozentige Genauigkeit erreichen, werden Lesen und Schreiben noch seltener praktiziert werden.

Je mehr Kinder und Jugendliche nur noch kurze Texte (WhatsApp-Nachrichten, Tweets) und Videoclips aufnehmen, je mehr sie sich auf die Rechtschreibprüfung von Textverarbeitungsprogrammen verlassen, je häufiger sie Daten wie z.B. Telefonnummern in Smartphones abspeichern, umso weniger müssen sie sich konzentrieren. Professor John Ratey von der Harvard Medical School verwendet den Begriff „erworbene Aufmerksamkeitsstörungen" für Menschen, die sich aufgrund der intensiven Nutzung mobiler Geräte und des Internets nicht mehr konzentrieren können. Immer weniger junge Menschen könnten längere Zeit ruhig dasitzen und über etwas intensiv nachdenken. Die Fähigkeit eines tiefer gehenden analytischen Denkens ginge immer mehr verloren.

Viele Menschen werden in Zukunft „E-Persönlichkeiten" entwickeln, d.h. sie werden sich auf (einigen) sozialen Websites anders inszenieren, als sie in Wirklichkeit sind. Die mit einer falschen Identität verbundene fehlende soziale Kontrolle wird manche Menschen auch grausamer werden lassen, wie z.b. die zunehmende Zahl der Fälle von „Cyber-Mobbing" zeigt. Eine immer größere Rolle werden Avatare spielen, Stellvertreter einer echten Person im Internet bzw. in virtuellen Welten. Egal, ob der Avatar ein Mensch oder ein Fantasiewesen ist – wird die jeweilige Rolle über Monate und Jahre hinweg viele Stunden pro Woche gespielt, wird sich die Person mehr und mehr mit ihr identifizieren. Zudem wird sie für andere Avatare, die immer wieder mit ihrem Avatar kommunizieren, Gefühle wie Liebe, Hass und Eifersucht entwickeln – und das umso mehr, je realistischer virtuelle Welten und die dort agierenden Wesen wirken und je besser Technologien werden, mit denen man auch physisch auf virtuelle Partner reagieren kann. So werden die Grenzen zwischen der realen und den virtuellen Identitäten immer mehr verschwimmen, werden viele Menschen „multiple Persönlichkeiten" haben – was durchaus zu Gefühlen der Verwirrung führen könnte.

Benötigte Kompetenzen

Zukunftsängste lassen sich am leichtesten verhindern, wenn Kinder und Jugendliche über Zukunftswissen – ein realistisches Bild von der Zukunft – verfügen. Machen sie sich bewusst, dass Entwicklungstendenzen wie die Alterung der deutschen Gesellschaft, die Staatsverschuldung oder zukünftige Rohstoff- und Energiekrisen (s.o.) es eher unwahrscheinlich machen, dass der Wohlstand in Deutschland weiter zunehmen wird, werden sie spätere Einschränkungen bei ihrem Lebensstandard oder bei Leistungen von Staat und Sozialversicherungen eher akzeptieren. Zugleich sollten sie – gerade auch als Erwachsene – für soziale Gerechtigkeit eintreten und sich mit armen und benachteiligten Bevölkerungsgruppen solidarisieren.

Um in einer Welt, in der viele unterschiedliche Werte miteinander konkurrieren und sich fortwährend wandeln, nicht die Orientierung zu verlieren, sollten Kinder, Jugendliche und Heranwachsende ein eigenes, individuelles Wertesystem ausbilden, das ihnen Lebenssinn und Sicherheit gibt. Viele werden sich in einer (Sub-) Kultur mit besonderen religiösen, literarischen, musikalischen und künstlerischen Ausdrucksformen verwurzelt fühlen, in die sie entweder hineingeboren wurden oder die sie sich selbst ausgesucht haben – und die manche von ihnen auch weiter ausgestalten werden (kulturelle Kompetenz).

Eine ausgeprägte Persönlichkeit, Charakterstärken, ein positives Selbstbild und Resilienz schützen vor negativen Einflüssen. Rückhalt und Geborgenheit bietet auch die Einbettung in funktionierende soziale Netzwerke. Diese müssen aber von Kindern und Jugendlichen erst aufgebaut werden, da traditionelle Gemeinschaften wie Verwandtschaft und Nachbarschaft aufgrund von Mobilität, Urbanisierung und fehlenden öffentlichen Treffpunkten an Bedeutung verloren haben. Dazu benötigen junge Menschen kommunikative und interpersonale Kompetenzen. Verfügen sie über ein gutes soziales Netzwerk, so werden sie hier nicht nur Bedürfnisse nach Zugehörigkeit, Geselligkeit, Anerkennung und Freundschaft befriedigen können, sondern bei Bedarf auch emotionale Unterstützung und praktische Hilfe erfahren. Viele Untersuchungen haben gezeigt, dass die Integration in ein funktionierendes Netzwerk positive Auswirkungen auf die physische und psychische Gesundheit, das Selbstbild und das Wohlbefinden hat, die Bewältigung von Stress, alltäglichen Belastungen und kritischen Lebensereignissen erleichtert, zu mehr Selbstvertrauen führt und zu einer optimistischeren Einstellung beiträgt.

Bedenkt man, dass aufgrund von Klimawandel, Umweltzerstörung, Ressourcenknappheit, Energiekrise usw. der Einzelne seinen ökologischen Fußabdruck verkleinern muss, sollten Kinder und Jugendliche auch lernen, ihre Konsumbedürfnisse zu hinterfragen und bewusster einzukaufen. Keinesfalls dürfen sie sich weiterhin über ihren Konsum definieren, sondern sollten Selbstbild und Selbstwertgefühle auf eine andere Grundlage stellen (z.B. die eigene Leistung in Schule und Beruf oder die Einbettung in ein soziales Netzwerk). Da die Leistungen der Krankenversicherungen zurückgefahren werden dürften, sollten sie auch mehr Wert auf eine gesunde Ernährung und eine regelmäßige körperliche Betätigung legen.

Schließlich ist wichtig, dass Kinder und Jugendliche Medienkompetenz entwickeln. Zum einen müssen sie den sinnvollen Umgang mit alten und neuen Medien erlernen (Nutzung von Fernseher, Computer, Smartphone usw., des Internets, von Konsolenspielen). Zum anderen sollten sie auch mit Problemen und Gefahren umgehen können – z.B. mit der Informationsflut, der Zunahme an „fake news", der verschwindenden Privatsphäre, der Suchtgefährdung durch Online-Spiele und Internet-Casinos, dem Ersatz von realen sozialen Kontakten durch virtuelle, der Verschlechterung der Lese- und Kontemplationsfähigkeiten, der Verarmung der Schriftsprache sowie mit erworbenen Aufmerksamkeitsstörungen und multiplen Persönlichkeiten.

Familie und Kindheit

Seit Jahrzehnten ist die Geburtenrate gesunken. Das Statistische Bundesamt geht davon aus, dass sie sich jetzt auf dem sehr niedrigen Niveau von 1,53 Kindern je Frau (2020) einpendeln wird. Es ist nicht zu erwarten, dass die Geburtenrate in den kommenden Jahren wieder nennenswert ansteigen wird. So werden viele junge Menschen wegen eines zu geringen Einkommens, aus Unsicherheit aufgrund der wirtschaftlichen Entwicklung und aus Angst um den eigenen Arbeitsplatz die Realisierung ihres Kinderwunsches (weiter) herausschieben. Aber auch die Schwierigkeit, am gleichen Ort zwei Arbeitsplätze zu finden, wird zum immer häufiger werdenden „Living apart together" beitragen und damit eine Familiengründung behindern. Ferner wird die „gefühlte" Bedrohung durch Klimawandel, Schuldenkrise und internationale Konfliktherde zunehmen. Die damit verbundenen Zukunftsängste könnten sich ebenfalls negativ auf die Zeugungsbereitschaft auswirken. So werden Erwachsene in den kommenden Jahren wahrscheinlich noch später heiraten als heute bzw. in einem noch höheren Lebensalter Kinder bekommen. Viele Paare werden ihren Kinderwunsch nicht bzw. nicht vollständig realisieren, weil sie sich schließlich zu alt für ein Kind fühlen oder infertil geworden sind. Mehr Kinder werden aber in Zukunft mit Hilfe der Reproduktionsmedizin „gezeugt" werden.

So wird die Zahl der Familienhaushalte in den kommenden Jahren schrumpfen. In ihnen werden weniger „klassische" Familien (ein verheiratetes Ehepaar mit leiblichen Kindern) leben, aber mehr nichteheliche Lebensgemeinschaften, Alleinerziehende und Stieffamilien, vermutlich auch mehr Regenbogenfamilien (mit gleichgeschlechtlichen Eltern) und Familien mit Partnern aus unterschiedlichen Kulturen. Die Familiengröße wird sich kaum verändern: Eltern werden weiterhin nur ein bis zwei Kinder haben. Jedoch wird wegen der vielen Singles und Senioren die Zahl der Haushalte zunächst weiter zunehmen, ihre durchschnittliche Größe jedoch abnehmen.

Aufgrund der bereits beschriebenen Veränderungen in Wirtschaft und Arbeitswelt werden die beruflichen Anforderungen größer werden. Immer mehr Eltern werden an Abenden oder an Wochenenden arbeiten. Auch werden sie mehr Überstunden machen oder Arbeit mit nach Hause nehmen müssen – wo sie dank Internet und Smartphone jederzeit für ihre Vorgesetzten und Kollegen erreichbar sind. So werden erwerbstätige Eltern weniger Zeit für die Pflege der Paarbeziehung, gemeinsame Freizeitaktivitäten und die eigene Entspannung haben. Entfremdung, Stress, Konflikte und Probleme bei der Abstimmung von Lebensplänen werden die Partnerbeziehungen relativ labil machen.

Eltern werden aufgrund der längeren Arbeitszeiten auch immer weniger Zeit für ihre Kinder und deren Erziehung haben. In Zukunft werden nicht nur Väter aufgrund der beruflichen Anforderungen länger an ihrem Arbeitsplatz sein, sondern auch Mütter – zudem wird sich der Trend fortsetzen, dass Mütter immer früher nach der Geburt eines Kindes wieder arbeiten gehen und immer häufiger Vollzeit erwerbstätig sind. Hinzu kommt oft ein langer Weg zur Arbeit – nicht nur bei Pendlern, sondern auch bei Menschen in Großstädten und Ballungsräumen (z.B. wegen vieler Staus oder mehrmaligen Umsteigens bei Nutzung öffentlicher Verkehrsmittel). So werden kindliche Bedürfnisse mangels Zeit häufiger vernachlässigt werden. Dementsprechend dürfte die Zahl von Kindern mit psychischen Problemen und Verhaltensauffälligkeiten zunehmen.

Kleinkinder werden in den kommenden Jahren immer früher und immer länger in Tageseinrichtungen oder Tagespflege betreut werden. So werden die Betreuungsangebote für unter Dreijährige weiter ausgebaut werden, wird es mehr Ganztagsplätze geben, werden insbesondere in größeren Städten mehr Tagesstätten auch am Abend oder am Wochenende geöffnet haben. Schulen werden häufiger

Ganztagsschulen sein oder eine verlässliche Nachmittagsbetreuung anbieten. Dementsprechend wird die in der Familie verbrachte Zeit abnehmen; die Bedeutung der Familienerziehung wird sinken. Dies lässt sich anhand der folgenden Tabelle ganz deutlich am Beispiel der Ganztagsbetreuung von Kleinkindern zeigen.

Tabelle 1: Ganztagsbetreuung: Was bleibt an Familienzeit?

Alter	1 Jahr	2 Jahre	3 Jahre	4 Jahre	5 Jahre
Schlafdauer[1]	13 Std. 45 Min.	13 Std.	12 Std.	11 Std. 30 Min.	11 Std.
Wachzeit	10 Std. 15 Min	11 Std.	12 Std.	12 Std. 30 Min.	13 Std.
Ganztags-betreuung	8 Std.	8 Std.	8 Std.	8 Std.	8 Std.
Fernsehzeit[2]	0 Min.	0 Min.	73 Min.	73 Min.	73 Min.
Familienzeit	2 Std. 15 Min.	3 Std.	2 Std. 47 Min.	3 Std. 17 Min.	3 Std. 47 Min.

1. Bundeszentrale für gesundheitliche Aufklärung: Durchschnittliche Schlafdauer in verschiedenen Altersstufen. http://www.kindergesundheit-info.de/themen/schlafen/1-6-jahre/schlafdauer/ (21.07.2013)
2. Bundesministerium für Familie, Senioren, Frauen und Jugend (Hrsg.): Geflimmer im Zimmer. Informationen, Anregungen und Tipps zum Umgang mit dem Fernsehen in der Familie. Berlin 2008

Wenn Eltern und Kinder immer weniger Zeit (gemeinsam) zu Hause verbringen – und diese oft noch in verschiedenen Zimmern –, werden die Familienbeziehungen lockerer werden. Da die Familienmitglieder zu unterschiedlichen Zeiten nach Hause kommen, werden sie nur selten gemeinsam speisen (und Tischgespräche führen), sondern sich zumeist selbst versorgen. Da Kinder immer früher selbständig werden, sind sie nach der Schule auch oft bei Freunden bzw. mit diesen unterwegs. So wird an vielen Tagen die Kommunikation mit den Eltern nur über das Smartphone erfolgen.

Die Erwartungen von Eltern an die Schulleistungen ihrer Kinder werden vermutlich weiter steigen. Zum einen wirkt sich hier die zunehmende Angst vor Arbeitsplatzverlust bzw. einem sozialen Abstieg aus: Eltern wollen ihren Kindern die besten Entwicklungschancen bieten, damit diese später den immer größer werdenden Leistungserwartungen der globalen Wissensgesellschaft entsprechen und ein gutes Einkommen erzielen können. Zum anderen greifen sie die durch die Medien weit verbreiteten Erkenntnisse der Hirnforschung, der Lern- und der Entwicklungspsychologie auf.

Allerdings werden auch in den kommenden Jahren viele Eltern Probleme beim Umsetzen ihrer Erziehungsziele erleben. So ist weiterhin mit einer großen Erziehungsunsicherheit zu rechnen, da junge Erwachsene vor der Geburt eigener Kinder nur selten Erfahrungen mit anderen Babys und (Klein-) Kindern sammeln können (weil es kaum noch Kinder in ihrem sozialen Netzwerk gibt) und da sie auch in Zukunft mit widersprüchlichen Erziehungskonzepten und -ratschlägen seitens der Medien konfrontiert werden dürften. Die Gefahr, dass Eltern Erziehungsschwierigkeiten erleben oder problematische Erziehungsstile entwickeln, wird groß bleiben.

Die Hausarbeit wird in den kommenden Jahren an Bedeutung verlieren – nicht nur weil seltener für die ganze Familie gekocht werden muss, sondern auch weil immer mehr Aufgaben von Geräten und Robotern übernommen werden. Zudem werden viele Arbeiten „ausgelagert" werden, indem z.B. die Wäsche in die Reinigung gebracht wird oder Pizzas und andere Gerichte bei Lieferdiensten bestellt werden. Hausfrauen wird es kaum noch geben; die Familienarbeit wird für Frauen im Vergleich zur Erwerbstätigkeit einen immer geringeren Stellenwert haben.

Benötigte Kompetenzen

So müssen Kinder, Jugendliche und Heranwachsende auch Kompetenzen entwickeln, die es ihnen ermöglichen, Paarbeziehungen positiv zu gestalten und eigene Kinder erfolgreich zu erziehen. Dazu gehören z.B. kommunikative und soziale Fertigkeiten, eine partnerschaftliche Grundhaltung gegenüber dem anderen Geschlecht sowie die Fähigkeit zu Intimität und sexueller Befriedigung.

Aber auch Einstellungen sind wichtig: Jugendliche und Heranwachsende sollten erkennen, dass Paar- und Eltern-Kind-Beziehungen „gepflegt" werden müssen und dafür genügend Zeit eingeplant werden muss. Sie sollten der Familiengründung einen so hohen Wert beimessen, dass sie sich später nicht durch ihre Einkommenssituation, die hohen Lebenshaltungs- und Kinderkosten, Karrierewünsche oder Zukunftsängste davon abhalten lassen. Streben sie einen möglichst frühen Zeitpunkt für die Realisierung ihres Kindeswunsches an, ist die Wahrscheinlichkeit höher, dass sie ihn sich voll erfüllen (also zwei oder mehrere Kinder bekommen) und nicht auf reproduktionsmedizinische Behandlungen angewiesen sein werden.

Schließlich sollten Jugendliche und Heranwachsende ein entwicklungspsychologisches und pädagogisches Grundwissen erwerben, also z.b. die Bedürfnisse von Babys und Kleinkindern kennen, einen Einblick in Säuglingspflege und -ernährung erhalten sowie die wichtigsten Erziehungsstile und -techniken vermittelt bekommen. So könnte auch einer späteren Verhaltensunsicherheit gegenüber Babys und (Klein-) Kindern entgegengewirkt werden. Werken, Handarbeit und Kochen werden hingegen weniger wichtig sein, da die Haushaltsfunktion von Familien an Bedeutung verlieren und die Technisierung der Hausarbeit weiter voranschreiten wird.

Jugendliche und Heranwachsende sollten sich damit auseinandersetzen, was die Charakteristika der heutigen Kindheit (im Vergleich zu früher) sind und wie sie die Kindheit ihrer eigenen Kinder gestalten wollen. So können sie beispielsweise über die Vereinbarkeit von Familie und Beruf, die für Kinder benötigte Zeit, die Bedeutung von Eltern-Kind-Bindungen, Erziehungsziele und Leistungserwartungen diskutieren. Auf diese Weise können sie Einstellungen entwickeln, die später z.B. eine Vernachlässigung oder eine Unter- bzw. Überforderung der eigenen Kinder verhindern und diesen mehr Freiräume verschaffen könnten.

Kompetenzen für die Welt von morgen

Kinder und Jugendliche wollen sowohl in der Gegenwart als auch in der Zukunft glücklich und erfolgreich sein. So benötigen sie Kompetenzen, um sich in ihrer aktuellen Familien- und Lebenssituation positiv entwickeln zu können. Dazu gehört beispielsweise, dass sie mit dem Leben in verschiedenen Familienformen, Milieus und Subkulturen, mit der geringen Zeit ihrer Eltern (bis hin zur Vernachlässigung), mit deren Trennung bzw. Scheidung, mit ihrer Zeugung als „Retortenbaby" oder durch einen ihnen nicht bekannten Vater, mit Reichtum, Armut oder Migrationsstatus zurechtkommen.

Kinder und Jugendliche werden immer früher selbständig werden müssen, sich zunehmend selbst versorgen und immer mehr Verantwortung für ihre Schulleistungen und ihr Freizeitverhalten (Medienkonsum) übernehmen müssen. Da sie weniger Zeit mit Gleichaltrigen außerhalb von Bildungseinrichtungen verbringen werden (also auf der Straße, in Wohnungen, in Jugendgruppen, in Vereinen usw.), werden sie Freundschaften vor allem in der Kindertagesstätte oder Ganztagsschule pflegen müssen.

Je schwächer die Bindungen an ihre Eltern werden, umso wichtiger wird es, dass Kinder bindungsähnliche Beziehungen zu Erzieherinnen, Tagesmüttern und (Grundschul-, Nachhilfe-, Musikschul-) Lehrern aufbauen können. Kinder und Jugendliche müssen lernen, auf die Überhäufung mit Bildungsangeboten in Kindertageseinrichtung und Schule positiv zu reagieren, mit der Verschulung und Pädagogisierung ihrer Lebenswelt zurechtzukommen, mit Leistungsdruck und kontinuierlichen Prüfungen zu leben.

Außerdem benötigen Kinder, Jugendliche und Heranwachsende Kompetenzen für die Welt von morgen. Nur auf diese soll im Folgenden eingegangen werden. Sie ergeben sich aus den Zukunftstendenzen, die im ersten Teil des Buches vorgestellt wurden. Da die Kompetenzen bereits am Ende der einzelnen Kapitel aus den jeweiligen Trends abgeleitet wurden, müssen sie in diesem Teil des Buches nur noch zusammengefasst werden. Dies geschieht in Tabelle 2, wo sie zugleich nach Kompetenzbereichen systematisiert werden.

Tabelle 2: Kompetenzen für die Welt von morgen

Kompetenzbereiche	Kompetenzen
personale und emotionale Kompetenzen	ausgeprägte Persönlichkeit, Charakterstärken, vielseitige Interessen positives Selbstbild, Selbstbewusstsein, Selbstvertrauen, Mut, Optimismus körperliche und psychische Hygiene: gesunde Lebensführung, sportliche Betätigung, Selbstmanagement, Selbstdisziplin, sinnvolle Freizeitgestaltung, Hobbys, Medienkompetenz Flexibilität, Mobilität Fähigkeit, Stress und hohen Leistungsdruck ertragen und sich entspannen zu können Resilienz, Fähigkeit zur Bewältigung alltäglicher Belastungen und kritischer Lebensereignisse, Bereitschaft zur Selbsthilfe, Durchhaltevermögen individuelles Wertesystem (Religion), Lebenssinn, Verantwortungsbereitschaft, positive Einstellung zu Partnerschaft und Familie Fähigkeit, Familie und Beruf vereinbaren zu können Akzeptanz der Grenzen des Wachstums, Bereitschaft zum Verzicht sowie zu einem energiesparenden und ressourcenschonenden Lebenswandel, Lebensqualität wichtiger als mehr Konsum/ Besitz Liebe zur Natur, Umweltbewusstsein, Fähigkeit zum praktischen Umweltschutz
soziale und kommunikative Kompetenzen	Kommunikationsfertigkeiten (klare und verständliche Sprache, großer Wortschatz, bei Bedarf komplexe Satzbildung, Zuhören können, Empathie), Beherrschen der Schriftsprache Team- und Kooperationsfähigkeiten, Integrations- und Anpassungsbereitschaft, Durchsetzungsfähigkeit, Konfliktlösefertigkeiten, Führungskompetenzen (insbesondere zur Leitung ganz unterschiedlich zusammengesetzter Teams) angemessener (beruflicher) Umgang mit (viel) älteren und jüngeren Kollegen, Vorgesetzten und

	Untergebenen, mit solchen des anderen Geschlechts oder aus anderen Kulturkreisen, mit Fachleuten in anderen Ländern Kompetenz der Selbstvermarktung Fähigkeit zum Aufbau eines funktionierenden Netzwerks (Freundeskreis, Geselligkeit, wechselseitige emotionale Unterstützung und praktische Hilfe) positive Gestaltung von Paar- sowie Eltern-Kind-Beziehungen, erzieherische Kompetenzen angemessener (privater) Umgang mit alten, behinderten und pflegebedürftigen Personen, mit Migranten und Flüchtlingen, mit Menschen in anderen Ländern
kognitive und lernmethodische Kompetenzen	Reflexionsfähigkeit, Urteilsvermögen, kritische Haltung, Problemlösefertigkeiten Neugier, Forschungsdrang, Experimentierfreude, Kreativität, Produktivität Konzentrationsfähigkeit, Durchhaltevermögen Lern- und Leistungsmotivation, Bereitschaft zum lebenslangen Lernen, zur Fort- und Weiterbildung, zum Umlernen und zur Umschulung Lernen des Lernens, effektive und effiziente Verarbeitung von Informationen relevante Computerprogramme und das Internet nutzen, mit Technik umgehen können globales Denken unternehmerische und organisatorische Fähigkeiten Zeitmanagement

Neben diesen Kompetenzen werden in der Wissensgesellschaft auch Kenntnisse benötigt:

- ein breites Allgemeinwissen (Naturwissenschaften, Technik, Mathematik, Wirtschaftswissenschaften, Recht, Geisteswissenschaften, Musik, Kunst, Geografie, Politik, Psychologie, Pädagogik usw.),
- Wissen über aktuelle Probleme (Finanz- und Wirtschaftskrisen, Staatsverschuldung, demografische Entwicklung, Kli-

mawandel, Umweltzerstörung, Rohstoff- und Energiekrise usw.),

- Fremdsprachenkenntnisse (Englisch, Mandarin, Hindi, Spanisch usw.),
- IT-Kenntnisse,
- Zukunftswissen,
- berufliches Grundlagenwissen sowie
- Spezialwissen.

Während die meisten Kompetenzen und Kenntnisse während der Kindheit und Jugend (allmählich) erworben werden, eignen sich Menschen das berufliche Grundlagenwissen erst während der Berufsausbildung oder eines Studiums sowie das Spezialwissen während der Berufsausübung an.

Kinder zukunftsfähig machen

Im dritten und letzten Kapitel soll nun aufgezeigt werden, wie Kindern von heute Kompetenzen für die Welt von morgen vermittelt werden können – in Familie, Kindertageseinrichtung und Schule. Vielleicht wirken die Aussagen an der einen oder anderen Stelle zu idealistisch, mag der Eindruck entstehen, dass zu hohe Anforderungen an Eltern, Erzieherinnen und Lehrer gestellt werden. Das liegt in der Natur der Sache – es wird ein Ideal beschrieben, das in der Realität nur teilweise umgesetzt werden kann. Dieses Ideal kann aber erziehenden und bildenden Personen als Orientierung dienen...

Aufgaben von Familien

Zunächst einmal müssen sich Eltern bewusst machen, dass sie ein Kind nur selten bewusst erziehen und bilden. Vielmehr wirken sie vor allem indirekt: Ihre Persönlichkeit, ihre Beziehung und ihr Verhalten sind für ihre Kinder Vorbild und prägen deren Entwicklung – im positiven wie im negativen Sinne. Kinder werden eher zukunftsfähig, wenn

1. ihre Eltern psychisch gesund sind: Die Kinder lernen von ihnen, wie man rational denkt, wie man klar urteilt, wie man Probleme löst und wie man mit Emotionen angemessen umgeht. Sie können Selbstvertrauen und ein positives Selbstbild entwickeln, da ihre Eltern einerseits als entsprechende Vorbilder wirken und andererseits zulassen können, dass ihre Kinder stark und selbstbewusst werden.
2. die Paarbeziehung gut ist: Dann lernen Kinder, wie man positiv miteinander kommuniziert, wie man empathisch zuhört, wie man Gefühle ausdrückt und sensibel reagiert, wie man Individualität und Eigenheiten des anderen toleriert, wie man andere Menschen unterstützt und wie man Konflikte bewältigt. Sie erkennen den Zusammenhang zwischen Selbsterziehung und Beziehungsarbeit.

Wenn Eltern psychisch gesund sind und in einer guten Paarbeziehung leben, bilden Kinder sichere Bindungen aus und fühlen sich geborgen. Sie können somit das für ein aktives Erforschen ihrer Umwelt notwendige Grundvertrauen entwickeln. Akzeptieren Eltern die Individualität und Einzigartigkeit ihres Partners, so werden sie dieselbe Haltung gegenüber ihren Kindern einnehmen. Diese können sich somit frei entfalten und sich selbst verwirklichen.

Deutlich wird, wie groß die erzieherische Wirkung des Vorbilds der Eltern und ihrer Beziehung ist, dass der Qualität des Zusammenlebens und dem Familienklima eine große Bedeutung zukommt. Eltern sollten somit nicht zuerst an ihre Kinder, sondern an sich selbst und ihre Paarbeziehung denken. Dieser Grundsatz darf in Zukunft nicht mehr so häufig missachtet werden wie heute.

Wichtig ist aber auch, dass sich Eltern genügend Zeit für ihre Kinder nehmen. Wie bereits aufgezeigt wurde, werden Eltern und Kinder immer weniger Zeit miteinander verbringen (siehe z.B. Tabelle 1). Aber auch bei einer Vollerwerbstätigkeit von Eltern bleibt viel Familienzeit übrig, wie nachstehende Tabelle verdeutlicht:

Tabelle 3: Familienzeit voll erwerbstätiger Eltern	
Stunden/Jahr:	365 Tage x 24 Stunden = 8.760 Stunden
...davon werden im Schlaf verbracht:	365 Tage x 8 Stunden = 2.920 Stunden
...davon werden für die Vollerwerbstätigkeit einschließlich Hin- und Rückfahrt benötigt:	230 Tage x 10 Stunden = 2.300 Stunden
...davon werden für die individuelle Freizeit (alleine lesen, sich entspannen, eigene Freunde besuchen usw.) angesetzt:	365 Tage x 2 Stunden = 730 Stunden
dann bleiben als Familienzeit:	8.760-2.920-2.300-730 = 2.810 Stunden

Im Durchschnitt stehen also 7 Stunden und 41 Minuten pro Tag für Familienaktivitäten zur Verfügung: für die Hausarbeit, das Einkaufen, das Kochen, die Gartenpflege, Reparaturen – sowie für den

Partner und die Kinder. Jeder Elternteil kann somit (theoretisch) mehrere Stunden pro Woche an „Qualitätszeit" für seine Kinder aufbringen – Zeit für Gespräche, zum Spielen, Basteln und Erzählen, für gemeinsame Aktivitäten in Haushalt und Garten, für sportliche Betätigungen, Spaziergänge und Ausflüge. Während an Werktagen die Familienzeit eher gering ist, ballt sie sich an den Wochenenden (bzw. arbeitsfreien Tagen) und im Urlaub.

Wenn sich auch Väter Qualitätszeit für ihre Kinder nehmen, hat dies viele positive Auswirkungen: So wurde bei wissenschaftlichen Untersuchungen z.B. mehr Einfühlsamkeit, eine geringere Geschlechtsrollenfixiertheit, eine höhere soziale Kompetenz und eine größere Stressresistenz bei Kindern aktiver Väter festgestellt. Für Jungen sind Väter vor allem als männliche Rollenmodelle wichtig, da sie in Kindertageseinrichtungen und Grundschulen nahezu ausschließlich von Frauen erzogen werden. Gemeinsame sportliche Betätigungen, (Heim-) Werken oder Aktivitäten in der freien Natur ermöglichen das Erlernen von Körperbeherrschung und leisten auf diese Weise einen bedeutenden Beitrag zur Entwicklung von Selbstvertrauen. Die Jungen können ihre Kräfte einsetzen und sich körperlich bewähren.

Aber nicht nur während der Qualitätszeit, sondern auch im alltäglichen Zusammenleben entfaltet sich die „Bildungsmacht" der Familie. Viele (internationale Vergleichs-) Studien haben gezeigt, dass die Schullaufbahn eines Kindes in hohem Maße dadurch bestimmt wird, ob es entweder in einer eher bildungsnahen oder in einer eher bildungsfernen Familie aufwächst. Die Zukunftsfähigkeit von Kindern und Jugendlichen hängt somit in hohem Maße von der Qualität der informellen Bildung ab, die sie zu Hause erfahren.

Die Familie gilt als eine zentrale Bildungswelt, in der Kenntnisse nicht wie in der Schule „zerstückelt" vermittelt werden, sondern Teil einer Alltagsbildung sind. Diese ist umfassender als die Schulbildung, da Kinder und Jugendliche zu Hause Wissen in von der Schule vernachlässigten Bereichen (z.B. Medizin, Jura, Wirtschaftswissenschaften, Politik und Technik) sowie handwerkliche, musikalische und künstlerische Kompetenzen erwerben. Auch tragen die von den Eltern vermittelten Werte und Einstellungen in hohem Maße zur

Lebensorientierung ihrer Kinder bei. Weitere bildungsrelevante Merkmale von Familien sind:

- eine qualitativ gute Kommunikation zwischen Eltern und Kindern (auch bezogen auf Wortschatz, Begriffsverständnis, Komplexität von Sätzen usw.),
- Unterstützung des (Klein-) Kindes bei der Erkundung der Welt und bei der Aufnahme sozialer Beziehungen,
- bildende Aktivitäten in der Familie, z.b. Beschäftigung mit Lernspielen, Vorlesen, Experimentieren, Gespräche über Fernsehfilme, Bücher, naturwissenschaftliche Themen oder politische Ereignisse,
- eine positive Einstellung zu Lernen und Leistung, zu Kindertageseinrichtung, Schule und Berufsausbildung bzw. Studium,
- positive Interaktionen über das, was in der Schule und im Unterricht passiert, Unterstützung bei den Hausaufgaben, ein hohes Anspruchsniveau hinsichtlich Schulleistung und -abschluss,
- ein enger Kontakt zwischen Eltern und Erzieherinnen bzw. Lehrern, damit Erstere wissen, wie sie außerfamiliale Bildungs- und Erziehungsbemühungen zu Hause unterstützen können.

Hier wird erneut die große Bedeutung der Umweltgestaltung durch die Eltern und der von ihnen geschaffenen Lebensordnung deutlich. Eltern erziehen und bilden durch die von ihnen gelebten Werte, ihre Weltanschauung, ihre Interessen, ihre Einstellungen, ihre Gespräche über Politik, Wirtschaft, Gesellschaft, Kultur etc. Positiv wirkt sich vor allem ein dialogisches Eltern-Kind-Verhältnis aus, in dem es eine große Kommunikationsdichte gibt. Ferner erziehen und bilden Eltern dadurch, mit welchen Menschen sie ihre Kinder in Kontakt bringen, welche Aktivitäten sie mit ihnen durchführen oder fördern, welche Fernsehprogramme sie auswählen sowie welche Bücher und Spiele sie ihnen schenken.

Jedoch sollten Kinder nicht durch zu viele Aktivitäten und Angebote (z.B. Kurse in Ballett- oder Musikschulen, Mitgliedschaft in

Sportvereinen) überfordert werden. Zudem sollten sie lernen, wie sie sich entspannen und zur Ruhe kommen können. Kinder benötigen Freiräume, damit sie sich unbeobachtet und selbstbestimmt erleben können.

Förderung von Kleinkindern

Am leichtesten können Kinder zukunftsfähig gemacht werden, indem die vielen Lernmöglichkeiten im Familienalltag genutzt werden. In der folgenden Tabelle sind links zu erwerbende Kompetenzen und rechts im Familienalltag auftretende Aktivitäten aufgelistet, durch die ein drei- bis sechsjähriges Kind diese Fähigkeiten und Kenntnisse ausbilden kann. Werden sie hinsichtlich des Schwierigkeitsgrades variiert, sind sie auch für jüngere und ältere Kinder geeignet. Da die Tätigkeiten häufig im Familienalltag anfallen, kann durch die ständige Wiederholung der Lernerfolg gefestigt werden. Zusätzlich werden in der Tabelle eher klassische Aktivitäten mit Kindern aufgelistet, die in Kategorien wie „Spiel", „Beschäftigung" oder „Erziehung" einzuordnen sind.

Tabelle 4: Förderung kindlicher Kompetenzen

Kompetenzen	*Aktivitäten im Familienalltag*
sprachliche Kompetenzen (deutlich sprechen, eigene Gedanken formulieren, die Vergangenheitsform bilden können...), phonologische Bewusstheit (Struktur von Sätzen und Wörtern/Heraushören der Laute aus einem Wort), Literacy (Fähigkeit, Texte und deren Sinn zu verstehen; Kompetenz im Umgang mit der dekontextualisierten und	viel mit dem Kind reden (Sprachbad): Sprache lernt man nur über das Sprechen zuhören, wenn Kind etwas erzählen will darauf achten, dass Kinder Gegenstände und Aktivitäten mit dem richtigen Wort bezeichnen und in vollständigen Sätzen sprechen (offene) Fragen stellen, die längere Antworten verlangen Wörter mit denselben Anfangsbuchstaben suchen lassen Reime, Zungenbrecher, Gedichte und Lieder lehren, Reime klatschen dialogorientierte Bilderbuchbetrachtung Vorlesen/Erzählen von Geschichten, Märchen und Sagen Kinder Geschichten erfinden lassen

Schriftsprache; Vertrautheit mit Literatur und anderen schriftbezogenen Medien; alphabetisches Prinzip kennen), Medienerziehung	Kinder frühzeitig mit der Schrift und dem Schreiben vertraut machen, indem man vor deren Augen etwas aufschreibt, etwas tippt, im Internet recherchiert, eine SMS eingibt usw. mit Kindern Schrift entdecken (z.b. in Zeitungen oder Katalogen, auf Werbeplakaten oder auf Autokennzeichen) Spiele mit Schreibszenen – wobei die Kinder durchaus Fantasieschriften verwenden oder etwas hinkritzeln dürfen kritischen Umgang mit Fernsehen nahebringen gute Computerspiele helfen Kindern, Kenntnisse und Fertigkeiten zu erwerben
mathematische Kompetenzen: a) Seriation = Mengen und Längen vergleichen, Reihen fortsetzen, Gegenstände nach Eigenschaften sortieren können)	a) gewaschene Socken sortieren, nach Besitzern sortieren, abzählen (10 Kindersocken bilden einen kleineren Stapel als 8 Erwachsensocken: „mehr" ist nicht gleich „größer") Entfernungen schätzen („Wie viele Schritte bis...") Bauklötze nach Größe und Farbe sortieren Mülltrennung
b) Rechenfähigkeit (Verbindung von Menge und Zahlwort, von Zahlwort und Zahlensymbol kennen; Schritt für Schritt zählen können; Vorgänger- und Nachfolger-Prinzip kennen)	b) beim Treppensteigen Stufen zählen („ein Schritt vor – eine Zahl weiter"; Gefühl für Mengen: 3, 12, 20 Stufen), später rückwärts zählen Abzählen der Finger, der Schritte, der (blauen) Autos usw. Kartenspiele (mit aufgedruckten Zahlen) kleine Summen im Geschäft bezahlen lassen Wählen von Telefonnummern Würfelspiele
c) räumliche Beziehungen, zeitliche Abfolgen und Richtungen kennen	c) Tisch decken lassen sich vom Kind auf dem Heimweg führen lassen Abfolgen erfragen (z.B. „Was kommt zuerst in den Kochtopf bei...")
naturwissenschaftlich-technische Kompetenzen	Erkundung der Natur in der nahen Umgebung (Wälder, Parks, Wiesen, Bauernhöfe usw.) Naturerlebnisse: Beobachten von Tieren, Insekten

	und Vögeln Natur mit allen Sinnen erleben (im Gras liegen, dem Wind lauschen, den Wolken hinterher schauen, den Sommerregen auf der Haut spüren, ein Iglu bauen) Interesse an Natur durch eigenes Vorbild wecken (Wandern, Naturfilme anschauen, in Tierlexika nachschlagen); Namen lokal vorkommender Bäume, Pflanzen und Tiere kennen spielerisches Verwenden von Naturmaterialien Gartenarbeit Ferien auf dem Bauernhof Ausstattung des Haushalts mit Lupe/Mikroskop/ Fernglas usw. Sammlungen von Steinen, Muscheln, Baumfrüchten usw. anlegen Dinge zerlegen und wieder zusammenbauen, Gebrauchsanleitungen vorlesen und befolgen gemeinsames Experimentieren Ausflüge/Reisen bilden: Landschaftstypen, Klimazonen, wichtige Gebäude, Architekturstile, Museen, Denkmäler usw.
Umweltbewusstsein (Nachhaltigkeit)	Naturschutz (nicht zerstörerischer Umgang mit Pflanzen, Insekten und Tieren) schonender Umgang mit Ressourcen (Heizung, Elektrizität, Wasserverbrauch) Vorbild hinsichtlich des Konsumverhaltens (z.B. nur Nötiges kaufen, noch Brauchbares nicht wegwerfen, Fleischkonsum reduzieren, keine mit Flugzeug transportieren Lebensmittel kaufen, Leitungswasser trinken) nicht alle Wünsche der Kinder befriedigen (benötigen nicht alle momentan aktuellen Kleidungsstücke/Accessoires, nur Spielsachen kaufen, die lange genutzt werden) Wertschätzung von Nahrungsmitteln, wenn Kinder erleben, wie mühsam der Anbau von Obst und Gemüse im Garten/auf dem Balkon ist Mülltrennung, Müllvermeidung

musische/künstlerische Fähigkeiten	gemeinsam singen, summen, Rhythmen klatschen gemeinsames Anhören von CDs auf langen Autofahrten Liederkassette einlegen und mitsingen (beugt Übelkeit und Müdigkeit vor) Hausmusik Malen, Basteln, Tonen usw. Besuche kultureller Einrichtungen: Museen, Theater, Konzerthallen, Ateliers
Lern- und Leistungsmotivation	eigene Erfahrungen und Erfolge ermöglichen: Kind entwickelt Erwartungshaltung „Hoffnung auf Erfolg" (besser als „Angst vor Misserfolg") Gründe für Erfolge und Misserfolge möglichst in (mangelnder) Anstrengung suchen denn in Begabung/Intelligenz, Schwierigkeitsgrad der Aktivität oder Zufall (Glück/Pech): nur Anstrengung vom Kind selbst beeinflussbar
Gedächtnis	Wissensaneignung ermöglichen: geduldig die Fragen der Kinder beantworten, Dinge kindgemäß erklären durch Gegenfragen das Kind anregen, über den Sachverhalt nachzudenken und selbst Antworten zu finden Auswendiglernen von Liedern und Reimen Merken der eigenen Adresse, von Telefonnummern usw. Ausräumen der Spülmaschine Aufträge erteilen Memory spielen Fernsehen/Internet als Informationsquelle nutzen: öffnet neue Welten, vermittelt Wissen; möglichst über Inhalte mit Kind sprechen
Konzentration	Kind in stark ablenkender Umgebung (z.B. Supermarkt) ein bzw. später mehrere Aufträge erteilen (z.B. „Hole ein Paket Butter, eine Schachtel Knäckebrot ...") Zahl der Spielsachen im Kinderzimmer reduzieren (und dafür häufiger einzelne Spielsachen austauschen) Kind ermutigen, bei Schwierigkeiten nicht gleich

	aufzugeben, sodass es Ausdauer entwickelt
Problemlösekompetenz	Forschungsdrang fördern (z.b. Kindern nicht immer gleich zeigen, wie Geräte oder Spielsachen funktionieren) Kindern Probleme nicht aus dem Weg räumen, ihnen etwas zumuten, Anstrengung zulassen bei Problemen mit Kindern besprechen, wie diese gelöst werden könnten: Problem analysieren (was, wie, wo, warum ...?), in kleine, leicht zu bewältigende Aufgaben zerlegen, Prioritäten setzen, Informationen suchen, Brainstorming, Erprobung von möglichen Alternativen... Ratespiele („Was wäre wenn ...?"), Detektivspiele, Bilder vergleichen, Puzzles (System entwickeln, wie man zunächst Puzzle-Teile ordnet)
Selbstbild und Selbstvertrauen	machen Eltern ihrem Kind immer wieder bewusst, dass es besondere Stärken und Fähigkeiten hat, dass es etwas Neues gelernt hat und etwas Besonderes geleistet hat, dann kann es ein positives Selbstbild entwickeln sowie optimistisch und zuversichtlich in die Zukunft schauen negatives Feedback, Liebesentzug, destruktive Kritik, Beschämen usw. möglichst vermeiden; Kind immer nur gerechtfertigt loben das Kind auch einmal um Hilfe bitten Ansichten des Kindes respektieren das Kind nicht überbehüten, sondern auch Risiken und Fehler zulassen; Misserfolge nicht überbetonen, sondern als Chance sehen, aus Fehlern zu lernen
Selbständigkeit	Kind darf etwas so früh wie möglich selbst machen (Anziehen, Zähneputzen, Waschen usw.) Pflichten/Aufgaben (und damit Verantwortung) übertragen dem Kind viel zutrauen (z.B. es alleine zum Bäcker schicken, wenn der Weg ungefährlich ist)
soziale Kompetenzen	Vorbild der Eltern: wie soziale Kontakte mit Verwandten, Freunden und Nachbarn gepflegt, mit Senioren und Migranten umgegangen wird das Gespräch miteinander wertschätzen (z.B.

	Tischgespräch) jedes Familienmitglied lässt die anderen ausreden, hört zu Empathie und Mitgefühl fördern (z.B. Kind sich in ein weinendes Kind, in einen behinderten Menschen hineinversetzen lassen) Konflikte verbal lösen, kompromissbereit sein häufig Kinder einladen Kind Erfahrungen in größeren Gruppen vermitteln (lernen, sich einzuordnen, sich gewaltfrei durchzusetzen, Konflikte zu lösen, fair zu sein, zu kooperieren, Aufgaben gemeinsam zu lösen) Teamfähigkeit entwickeln durch Aufgabenteilung im Haushalt, gemeinsames Kochen, Planung von Festen usw. Rollenspiele fördern, sich an diesen selbst beteiligen Regelspiele (lernen, Regeln einzuhalten, abzuwarten und sich zurückzunehmen)
Werte und Sekundärtugenden	Religion/eigene Werte/Traditionen leben alltägliche Sinnfragen erörtern; eigenes Verhalten begründen (Bezug zur Wertebasis) Bilderbücher und Märchen anbieten, in denen ethische Fragen thematisiert werden für die Gleichberechtigung von Mann und Frau, von Deutschen und Migranten eintreten Vorbild der Eltern: anderen Menschen gegenüber höflich, freundlich, taktvoll, hilfsbereit, tolerant usw. sein; das Kind ausreden lassen, sich bei ihm entschuldigen, wenn man einen Fehler gemacht hat Kind zu Pünktlichkeit, Sauberkeit, Ordnungsliebe, Fleiß, Ehrlichkeit, Zeitmanagement usw. anhalten; gutes Benehmen einfordern Kind anderen eine Freude machen lassen: Erfahrung des Gebens und Teilens klare Strukturen zu Hause schaffen: feste Essens- und Schlafzeiten, Regeln, Verteilung von Aufgaben usw. nicht alle Wünsche des Kindes erfüllen, sodass es Frustrationstoleranz entwickelt

Feinmotorik	Kind häufig zum Malen und Basteln ermuntern (erlebt sich als kreativ und schaffend; bereitet Freude, wenn es Bilder verschenkt), mit ihm malen
	mit Ton, Plastilin und Salzmehlteig arbeiten
	Butter auf das Brot schmieren lassen
	Abwaschen und Abtrocknen
	Kochen und Backen (Schneiden, Reiben, Ausstechen...)
	sich selbst Anziehen
Grobmotorik	körperliche Anstrengung zulassen (z.B. laufendes Kleinkind bei ersten Ermüdungserscheinungen nicht gleich in den Buggy setzen)
	Kinder beim Hausputz und Schneeräumen einbeziehen
	Mithilfe bei der Gartenarbeit
	Wege möglichst zu Fuß zurücklegen, mit spielerischen Elementen verbinden (nicht auf die Fugen zwischen den Platten treten, auf Mauern balancieren)
	Schwimmen/gemeinsames Turnen/Bodybuilding (falls Geräte im Haus)
	Bergsteigen, Klettern, „Abenteuertage" im Wald

Die Tabelle verdeutlicht, dass neben der Einbindung in Alltagsaktivitäten dem Reden, Vorlesen, Erkunden, Erleben, Musizieren, Malen, Werken und vor allem dem Spielen eine große Bedeutung zukommt. Sowohl Psychologie als auch Hirnforschung betonen, dass die kognitive und emotionale Entwicklung von Kleinkindern am besten durch das Spiel gefördert wird. Im (Rollen-) Spiel entdecken und begreifen Kinder die Welt, lernen durch Beobachten, Handeln und Erfahrung, schulen ihre Sinne, erproben für Erwachsene typische Verhaltensweisen, entwickeln Fantasie und Kreativität, bilden motorische Fertigkeiten und soziale Kompetenzen aus.

Kinder, die konzentriert spielen können, widerstehen auch eher den „Verlockungen" des Fernsehens. Niemals sollten Kleinkinder durch das Anschalten des Fernsehers „ruhiggestellt" werden. Organisationen wie z.B. die Amerikanische Akademie der Kinderärzte oder die Stiftung Kindergesundheit fordern sogar, dass Kinder unter zwei

Jahren überhaupt keine Zeit vor Bildschirmen verbringen sollten –
selbst dann nicht, wenn dort so genannte „Förderprogramme" gezeigt
würden – und dass ältere Kleinkinder höchstens 30 Minuten am Tag
fernsehen dürften (möglichst gemeinsam mit den Eltern). Je ausge-
prägter der Fernsehkonsum ist, umso häufiger leiden Kinder nach
wissenschaftlichen Untersuchungen unter Bewegungsmangel und
Fettleibigkeit, umso schlechter können sie sich konzentrieren, umso
geringer sind Wortschatz und grammatikalische Fähigkeiten, umso
schwächer sind (später) die Schulleistungen.

Zukunftsfähigkeit wird bei Kleinkindern also am ehesten durch
das Spiel, durch die Interaktion mit Eltern und anderen Menschen
sowie durch das Einbinden in Alltagsaktivitäten erreicht. Bei der
Förderung der kindlichen Entwicklung sollte auch immer bedacht
werden, dass es im Leben nicht nur auf den Schulerfolg ankommt.
Die Familie muss insbesondere für Kleinkinder ein Platz sein, wo sie
sich sicher und geborgen fühlen. Nur wenn Eltern sie ihre Liebe,
Zuneigung und Fürsorge spüren lassen, werden Bindungen ausgebildet und aufrechterhalten, entstehen Urvertrauen und Selbstakzeptanz.

Aber auch ältere Kinder sollten nicht auf ihre Leistung reduziert
werden, sondern als „ganze" Personen mit all ihren Stärken und
Schwächen wahrgenommen und akzeptiert werden. Deshalb ist es
wichtig, dass ein Kind genau beobachtet wird und seine Eltern sich
fragen: „Was für ein Typ ist eigentlich unsere Tochter/unser Sohn?
Eher theoretisch oder eher praktisch ausgerichtet? Eher der geborene
Anführer oder der gute Freund? Eher fantasievoll oder eher realistisch? Eher sprachlich gewandt oder eher in sich gekehrt?" Diese
Fragen helfen Eltern, ihr Kind als Individuum mit einzigartigen Charakteristika wahrzunehmen. Deshalb sollten sie es auch möglichst
nicht mit Geschwistern oder fremden Kindern vergleichen. Vielmehr
sollten Eltern beobachten, wo seine besonderen Begabungen und
Fähigkeiten liegen – viele Talente werden von Eltern und Lehrern
unterschätzt, können aber die Grundlage für den späteren Lebens-
und Berufserfolg bilden. So bietet sich ein ressourcenorientiertes
Vorgehen an: Durch das Fokussieren der Stärken seitens der Eltern
entwickelt das Kindes Leistungsfreunde, Erfolgsorientierung und
Selbstvertrauen.

Je häufiger und genauer Eltern ihr Kind beobachten, umso besser können sie beurteilen, ob es schulfähig ist. Das Einschulungsalter wurde in den letzten Jahren nach unter ausgeweitet, sodass nun auch Fünfjährige an Grundschulen aufgenommen werden können. Dies macht es besonders wichtig, die körperliche, geistige, soziale und gefühlsmäßige Reife eines Kindes zu bewerten, bevor über seine Einschulung entschieden wird.

Da Eltern jedoch gerade bei Kleinkindern dazu tendieren, ihren eigenen „Sprössling" besonders positiv zu beurteilen, sollten sie auch Meinungen anderer Personen einholen, die ihr Kind gut kennen. Hier ist vor allem an seine Erzieherinnen zu denken, die nicht nur über mehr entwicklungspsychologisches Wissen als Eltern verfügen und mehr Erfahrung mit Kleinkindern haben, sondern das Kind auch in der Gruppe Gleichaltriger erleben.

Förderung von Schulkindern

Nach der Einschulung ist ein Kind weiterhin auf die Unterstützung seiner Eltern angewiesen: Zum einen können sie es gezielt beim Erwerb schulischer Lerninhalte, zum anderen allgemein in seiner Entwicklung fördern, wobei die Übergänge fließend sind. Beides hilft dem Kind, zukunftsfähig zu werden.

Eltern sollten prinzipiell eine positive Haltung gegenüber der Schule einnehmen – selbst wenn sie in ihrer eigenen Schulzeit viele negative Erfahrungen gemacht haben oder kritisch gegenüber der Schule von heute eingestellt sind. Nur dann kann ihr Kind unvoreingenommen seine Schullaufbahn beginnen. Deshalb sollten Eltern ihm auch nie Fragen stellen, die Negatives implizieren, also z.B. „Heute war es bestimmt wieder langweilig in der Schule, oder?" bzw. „Du hast doch sicherlich wieder nicht aufgepasst!?"

Außerdem ist wichtig, dass Eltern Interesse an den Erfahrungen ihres Kindes in der Schule und an den Lerninhalten zeigen. Dadurch können sie auch dessen Verhalten im Unterricht beeinflussen. Ein Schulanfänger muss schließlich erst lernen, genau hinzuhören, den Ausführungen der Lehrerin gedanklich zu folgen, sich zu melden und zu akzeptieren, dass er meistens nicht dran kommt. So können Eltern ihr Kind motivieren, sich in jeder Stunde so oft zu melden, bis es mindestens einmal aufgerufen wurde. Auf diese Weise fördern sie Konzentration und Selbstüberwindung. Ferner ermutigen sie es, immer nachzufragen, wenn es etwas nicht verstanden hat.

Eltern sollten auch mit ihrem Kind über seine Klassenkameraden, seine Beziehung zu ihnen, besondere Ereignisse in der Klassengemeinschaft, Konflikte und ähnliche Themen sprechen. Auf diese Weise zeigen sie Interesse an seinen sozialen Erfahrungen und Erlebnissen. Schließlich ist für das Lernen bzw. für die weitere Entwicklung eines Kindes auch wichtig, ob es mit seinen Klassenkameraden zurechtkommt bzw. inwieweit es soziale Kompetenzen ausbildet.

Lesen und Schreiben sind wichtige Kulturtechniken, von deren Beherrschung die weitere Schullaufbahn eines Kindes und damit seine Zukunftsfähigkeit abhängen. Natürlich erlernt das Kind diese Fertigkeiten in der Schule, aber Eltern können einiges dafür tun, dass ihr Kind wirklich gut wird: Wenn sie beispielsweise Literacy-Erziehung bereits in der frühen Kindheit betrieben haben (s.o.), wird ihr Kind schon Freude an Bilderbüchern entwickelt haben. Nun gilt es, dieses Interesse auf Kinderbücher zu übertragen: Lesen lernt man nämlich am besten durch viel Lesen. Eltern können ihr Kind auch gelegentlich auffordern, laut zu lesen, denn dann liest es konzentrierter. Sinnvoll ist ferner, sich einmal aus einem (Kinder-) Buch vorlesen zu lassen und mit dem Kind über den Text zu sprechen. So zeigen Eltern Interesse und bestärken ihr Kind. Zugleich erkennen sie, ob es den Text auch verstanden hat.

Da Kinderbücher teuer, aber schnell durchgelesen sind, können Eltern sich zu Hause auf einige wenige Exemplare beschränken. Sie sollten ihr Geld lieber für Kinderlexika, Nachschlagewerke, Wörterbücher, einen Atlas oder einen Globus ausgeben, auf die während der Schulzeit immer wieder zurückgegriffen werden kann. Kinderbücher können hingegen gemeinsam mit dem Kind in einer Bücherei ausgeliehen werden; hier findet es eine große Auswahl vor. Selbst wenn es sich nur für ein Thema – z.B. Raubkatzen – interessiert, ist dies in Ordnung: Schließlich kommt es jetzt vor allem darauf an, dass es viel liest.

Auch beim Erlernen der Rechtschreibung ist eine positive Grundhaltung der Eltern wichtig. So können sie ihr Kind zunächst für richtig geschriebene Wörter loben, bevor sie mit ihm nach Fehlern suchen. Ferner können Eltern ihr Kind anhalten, Schreibanlässe zu nutzen, die mit der Schule nichts zu tun haben: Schon am Ende der ersten Klasse können Kinder kurze Briefe an Freunde und Verwandte verfassen. Manche werden auch stolz sein, wenn sie z.b. die Einkaufsliste, eine SMS oder eine Notiz schreiben dürfen.

Neben den Kulturtechniken müssen sich Schulkinder viele weitere Kenntnisse aneignen. Hier können Eltern ihrem Kind am besten helfen, wenn sie zunächst seinen Lernstil ermitteln (visuell, auditiv oder kinästhetisch). Prinzipiell tun sich Kinder in der Schule leichter, wenn sie alle drei Lernstile beherrschen, da sich die jeweiligen Aufgaben mit einem bestimmten Lernstil am besten bewältigen lassen – z.B. die Rechtschreibung mit dem visuellen oder sportliche Aktivitäten mit dem kinästhetischen. Bevorzugt ein Kind aber einen Lernstil, sollten Eltern es entweder an die anderen beiden heranführen oder ihm helfen, seinen Stil bestmöglich zu nutzen: Ein überwiegend auditiv Lernender profitiert z.B. davon, wenn er zu lernende Texte laut liest, sie sich vorlesen lässt oder sie aufnimmt und dann abspielt. So werden wichtige Aussagen seltener überlesen, prägt sich der Text besser ein. Ein visuell Lernender lernt vor allem durch Lesen, wobei verschiedenfarbige Textmarker hilfreich sein können. Aber auch Videos, Fotos, Poster und Grafiken sind nützlich. Kinästhetisch Lernende tun sich am schwersten, da sie in der Schule ihre Stärken nur in Fächern wie Sport, Werken oder Kunst „ausspielen" können. Sie profitieren vom Basteln von Modellen, vom Experimentieren oder von Besuchen an Orten, die mit Lerninhalten in Bezug stehen – z.B. von einem Bauernhof, einer Burg oder einem Museum.

Für die Zukunft ist besonders wichtig, dass Kinder das Lernen lernen, also wissen, wie man sich selbst Informationen besorgt und Kenntnisse aneignet. Deshalb ist es sinnvoll, wenn Eltern einzelne Fragen ihres Kindes nicht beantworten, sondern es bei der Suche nach Antworten anleiten. So können sie mit ihm in Kinder- und Erwachsenenlexika, in Büchern oder im Internet recherchieren. Vieles lässt sich auch durch Beobachtung oder mit Hilfe von Experimenten herausfinden.

Schulanfänger sind stolz darauf, wenn sie etwas Neues gelernt haben. Eltern können ihr Kind darin bestärken, wenn es z.B. bei

Großeltern oder Nachbarn mit seinen frisch erworbenen Kenntnissen und Fertigkeiten „glänzen" will. Zudem entwickeln sich dann oft weitergehende Gespräche, in denen das Kind seinen Horizont erweitert, von den Erfahrungen der Gesprächspartner profitiert sowie kommunikative und soziale Kompetenzen schult.

Ein Kind lernt besser, wenn die Informationsaufnahme mit positiven Gefühlen verbunden ist, wenn es also z.B. beim Lernen ein Lob oder ein Anlächeln erfährt. Während Eltern einem Kleinkind viel Aufmerksamkeit und Zuwendung schenken, wenn es das Krabbeln lernt oder die ersten Worte sagt, loben sie ein Schulkind weit seltener – schimpfen oft sogar mit ihm. Eltern sollten auch ein älteres Kind häufig positiv verstärken – insbesondere wenn es Angst vor Misserfolg hat oder auf einem Gebiet unsicher ist. Prinzipiell sollte in erster Linie die Anstrengung (und nicht das Ergebnis) gelobt werden – Erfolge kommen schließlich aufgrund der aufgebrachten Mühe zustande, und diese muss deshalb besonders gewürdigt werden.

Ein Kind sollte an sich selbst glauben – und daran, dass es alles, was es erreichen will, auch erreichen kann, dass sich Anstrengung lohnt. Selbst wenn ein Grundschulkind unrealistische Vorstellungen verfolgt – z.B. ein großer Fußballstar werden möchte –, sollte es nicht desillusioniert werden: Es muss selbst merken, wo seine Grenzen liegen. Nun aber wird es sich sportlich engagieren – und sein Gedächtnis trainieren, indem es die Namen von Fußballspielern, deren besonderen Qualitäten, die Spielergebnisse u.v.a.m. lernt.

In diesem Kontext ist es auch wichtig, dass ein Kind lernt, mit Misserfolgen umzugehen. Anstatt die Einstellung „Man kann unmöglich alles können!" zu entwickeln, sollte es im Misserfolg eine Chance sehen, aus seinen Fehlern lernen, andere Methoden einsetzen oder einen neuen Lösungsweg ausprobieren zu können.

Laut Hirnforschung wird das Lernen gefördert, wenn ein Kind vitamin-, mineral- und ballaststoffreich ernährt wird, sich oft an der frischen Luft bewegt und ausreichend Schlaf bekommt. Empfehlenswert ist, wenn Kinder zumindest vor Schultagen zur gleichen Uhrzeit schlafen gehen und pünktlich aufstehen, sodass morgens keine Hektik entsteht. Es sollte immer genügend Zeit für ein gesundes Frühstück vorhanden sein.

Die weitaus meisten Grundschüler machen zunächst gerne ihre Hausaufgaben – und sei es auch nur, weil sie ihre Lehrerin lieben und alles tun würden, um von ihr etwas Anerkennung zu erfahren. Das Lernen macht ihnen Spaß; sie sind stolz, wenn sie ihre Hausaufgaben zu ihrer eigenen Zufriedenheit erledigt haben.

Eigentlich sollten Grundschüler die Hausaufgaben alleine und in relativ kurzer Zeit machen. In der Realität kontrollieren aber viele Eltern die Hausaufgaben ihrer Kinder. Je älter die Kinder werden, umso häufiger kommt es deswegen zu Konflikten. Hausaufgaben und das Lernen vor Prüfungen können somit das Eltern-Kind-Verhältnis und das Familienklima stark belasten. Deshalb sollten Eltern ihren Kindern möglichst frühzeitig die Verantwortung hierfür übertragen – das selbständige Lernen ist schließlich ein wichtiges Erziehungsziel.

Erneut muss betont werden, dass Eltern ihre Kinder nicht überfordern dürfen. Fühlen sich diese dauernd unter Druck gesetzt und stoßen sie ständig an ihre Grenzen, verlieren sie mit der Zeit die Lust am Lernen und jegliche Leistungsmotivation. Es ist somit wichtig, dass sich Eltern ein realistisches Bild von ihrem Kind, von seinen Stärken und Schwächen, von seinen Talenten und von seiner Leistungsfähigkeit machen. Oft entdecken sie dann ganz neue Interessen und Qualitäten an ihrem Kind, z.B. musische, handwerkliche, soziale oder sportliche Begabungen. Erst wenn sie ihr Kind so annehmen, wie es ist, können sie es von dort abholen, wo es steht.

Zur Vermeidung einer Überforderung gehört auch, dass Grundschulkinder genügend Zeit zur Entspannung, für Hobbys, zur Bewegung im Freien, für Sport und zum Spielen mit Freunden erhalten. So sollte zum einen die in ihre Freizeit fallende Zahl von Terminen und zum anderen die Fernseh- bzw. Medienzeit begrenzt sein. Das Fernsehen darf nicht etwas Selbstverständliches sein, und deshalb sollte auch kein Fernseher im Kinderzimmer stehen (dann schauen Schulkinder laut wissenschaftlicher Studien doppelt so viel fern wie Gleichaltrige ohne eigenen Fernseher). Außerdem empfiehlt es sich, Sendungen bewusst auszuwählen, sie öfters gemeinsam mit dem Kind anzuschauen und dann mit ihm darüber zu sprechen. Insbesondere schüchterne Kinder sollten immer wieder dazu angehalten werden, Spielkameraden zu besuchen bzw. Schulfreunde nach Hause einzuladen. Nur so können sie für ihre Zukunft wichtige soziale Kompetenzen ausbilden.

Ferner brauchen Kinder eindeutige Grenzen und Regeln, die konsequent durchgesetzt werden. Sie müssen lernen, auf die Absichten, Wünsche und Bedürfnisse der anderen Familienmitglieder Rücksicht zu nehmen. Diese sollten deshalb nicht verheimlicht werden. Auch sollten die Eltern ihren Kindern immer mehr Aufgaben (z.B. im Haushalt oder Garten, das Versorgen eines Haustiers, das Aufräumen und Putzen des Kinderzimmers) übertragen, da dies zu ihrer Eigenständigkeit beiträgt und zu Verantwortungsbewusstsein führt.

Für die Zukunftsfähigkeit ist besonders wichtig, dass Schulkinder ein positives Selbstbild, Selbstvertrauen, Lernfreude und Leistungsmotivation ausbilden. Sie sollten viel Anerkennung und Lob erfahren – auf materielle Belohnungen wie Süßigkeiten oder Geldgeschenke sollte hingegen weitgehend verzichtet werden. Selbstverständlich müssen Schulkinder nicht so häufig positiv verstärkt werden wie Kleinkinder: Es gehört einerseits zum Prozess des Älterwerdens und der Ablösung, dass Kinder immer weniger Wert auf das Lob ihrer Eltern legen, und andererseits sollten intrinsische – also aus dem Kind selbst kommende – Motivationen zunehmend extrinsische Beweggründe ersetzen. Eltern müssen aber auch zu verhindern suchen, dass ihr Kind aufgrund von zu viel negativem Feedback an Selbstbewusstsein verliert und sich aufgrund von Ängsten neuen Anforderungen entzieht. Tadel ist nur dann angebracht, wenn das Kind fahrlässig oder schuldhaft falsch gehandelt hat. Dabei sollte die Kritik immer auf den Anlass und nicht auf die Person bezogen werden; keinesfalls darf ein Fehler oder ein Misserfolg mit Liebesentzug bestraft werden.

Ferner darf das elterliche Interesse am Kind nicht auf das schulische Lernen verengt werden. Vielmehr benötigt ein Kind Zuwendung in allen Lebenssituationen – und zunächst auch noch Zärtlichkeit und Kuschelerfahrungen. Es muss sich als ganze Person geliebt und in seiner Familie geborgen fühlen.

Förderung von Jugendlichen

Mit zunehmendem Alter des Kindes nimmt der Einfluss der Familie ab – und der Einfluss der Gleichaltrigengruppe (sowie der Medien) zu. Dennoch können Eltern Jugendliche bei den nun anstehenden Entwicklungsaufgaben unterstützen, sodass ihre Kinder zukunftsrelevante Kompetenzen weiter ausdifferenzieren können. Zunächst gilt es, das Interesse an dem Schulischen zu erhalten – was oft mit vielen Konflikten verbunden ist –, bis ältere Jugendliche selbst die Verantwortung für das Lernen übernehmen. Selbst wenn viele Eltern nicht mehr die Hausaufgaben verstehen oder bei Prüfungsvorbereitungen helfen können, lassen sich Lernfreude und Leistungsorientierung noch (begrenzt) beeinflussen. Auch bei der Berufsfindung können Eltern unterstützend wirken.

Im Jugendalter löst sich das Kind immer mehr von seiner Familie ab und wendet sich seinen Freunden zu. Die Peerbeziehungen werden intensiver; hier finden Jugendliche nun emotionale Nähe und Sicherheit, Vertrauen und Offenheit. Erste Partnerschaften lassen sie Erfahrungen mit Liebe und Intimität, mit Geben und Nehmen machen. Zugleich differenzieren sie ihre Geschlechtsrolle weiter aus. Eltern können es ihren Kindern erleichtern, soziale Netze aufzubauen und Beziehungen einzugehen. Ihre Toleranz ist besonders gefordert, wenn sie mit Freunden bzw. Partnern nicht einverstanden sind, weil diese z.B. aus einer anderen Ethnie oder Schicht stammen.

Haben Jugendliche Hobbys oder sind sie Mitglied in Vereinen, werden sie wenig Freizeit vor Bildschirmen verbringen. Sportliche Betätigungen fördern Körperbeherrschung und Selbstvertrauen. Musizieren (in einer Band), Komponieren, Malen, Theaterspielen und ähnliche Aktivitäten werden nun selbstbestimmt praktiziert, ermöglichen den Ausdruck kreativer Begabungen und beeinflussen oft die Berufswahl. Positiv ist, wenn entsprechende Kompetenzen in der Kindheit gefördert wurden, Eltern den mit solchen Aktivitäten verbundenen Zeitaufwand akzeptieren und benötigte (finanzielle) Ressourcen zur Verfügung stellen.

Zu den Entwicklungsaufgaben von Jugendlichen gehört außerdem, die eigene körperliche Erscheinung zu akzeptieren und ihre Identität weiter auszubilden. Ferner müssen sie eine eigene Wertorientierung bzw. Weltanschauung entwickeln. Auch hierbei können Eltern nur noch begrenzt helfen; wichtig bleiben aber ihr Vorbild und die Erfahrungen, die ihr Kind in den Jahren zuvor in seiner Familie gesammelt hat.

Jugendliche beginnen also zunehmend selbst die Verantwortung für die eigene Zukunftsfähigkeit zu übernehmen. Sie stellen nun die Weichen für ihren weiteren Lebensweg, der – hoffentlich – mit beruflichem Erfolg, Zufriedenheit mit sich selbst und positiven sozialen Beziehungen bzw. Partnerschaften verbunden sein wird.

Familien unterstützen

Die in diesem Kapitel skizzierten Anforderungen an Eltern sind sehr hoch – insbesondere wenn man bedenkt, dass in Zukunft der auf Erwachsenen lastende Druck eher noch größer werden wird. Hier sind Arbeitgeber und Politiker gefragt: Es muss endlich die Vereinbarkeit von Familie und Beruf sichergestellt werden, auch bei höher qualifizierten Mitarbeitern und bei ganztags Beschäftigten mit kleinen Kindern.

Ferner sollten die Angebote der Familienbildung verbessert werden, sodass Eltern die für eine erfolgreiche Erziehung notwendigen Kenntnisse und Kompetenzen erwerben können. Besonders wichtig ist, dass bisher kaum erreichte Zielgruppen einbezogen werden (z.B. Eltern mit Migrationshintergrund, aus unteren sozialen Schichten und Randgruppen). Hier hat man bereits viele positive Erfahrungen mit aufsuchenden Maßnahmen (z.B. Familienhebammen oder Programmen wie „HIPPY", „Opstapje", „Rucksack" und „Griffbereit") oder mit Elterntrainings an Kindertageseinrichtungen und Schulen gesammelt.

Schließlich muss die Politik die in den letzten Jahren oft abgebauten Beratungs- und Unterstützungsangebote für Eltern mit Erziehungsschwierigkeiten und anderen Belastungen wieder ausweiten und Schwellenängste reduzieren, indem Hilfen so weit wie möglich im sozialen Umfeld von Familien angeboten werden (z.B. in Familienzentren oder an Schulen).

Aufgaben von Kindertageseinrichtungen

Eine zukunftsorientierte frühkindliche Bildung kommt in Kindertagesstätten zustande, wenn Erzieherinnen die Erkenntnisse der Hirnforschung, der Lern- und der Entwicklungspsychologie berücksichtigen: Hier wird das Kleinkind als ein neugieriger, eigenaktiver,
selbsttätiger „Forscher" gesehen, der eine Unmenge an Informationen aufnimmt, diese verarbeitet und in „intuitive Theorien" eingliе-
dert. Es verhält sich im Grunde wie ein Erwachsener, der in der Wissensgesellschaft einen anspruchsvollen Beruf ausübt – natürlich auf
einem anderen Niveau. Nach diesen Forschungsergebnissen benötigen Kleinkinder viel Freiraum zur Erkundung der natürlichen und
kulturell geprägten Umwelt, zum eigenständigen Beobachten und
Erforschen.

So sollten Erzieherinnen Kindern die Möglichkeit eröffnen, soviel
wie möglich selbständig oder in Kleingruppen zu lernen: Kinder
sollten „Entdeckungsreisende" sein können, die aus eigener Initiati-
ve, aus Neugier und Forschergeist heraus die Welt erkunden und sich
ein Bild von ihr machen. Dementsprechend sollten Erzieherinnen
ihre eigene Rolle neu definieren: als „Begleiterinnen" der Kinder bei
diesem „Abenteuer". Sie können z.B. Anreize für Entdeckungen
geben, indem sie

- immer wieder neue Materialien bereitstellen, also eine gut
  vorbereitete Umgebung schaffen,
- zu vielfältigen Aktivitäten motivieren (z.B. Experimente,
  Zerlegen von Geräten, Anlegen von Sammlungen),
- die Kinder mit unbekannten Situationen konfrontieren (durch
  Exkursionen in die Natur, zu Unternehmen, Handwerksbetrieben, sozialen und kulturellen Einrichtungen etc.) oder
- Erwachsene (als „Spezialisten" für ...) in die Kindertagesstätte einladen.

Ferner unterstützen Erzieherinnen die Kinder auf dem Weg des selbständigen Erfahrungslernens, wenn sie z.B. Lernteams organisieren,
den Austausch zwischen Kindern fördern, benötigte Materialien bereitstellen oder gewünschte Informationen geben. Die Kinder lernen,

wo Informationen zu finden sind, wie man sie kritisch beurteilt, wie man Daten auswählt und wie man sie verarbeitet bzw. nutzbar macht. Wichtig ist, dass die Entdeckungsreisenden alle Sinne einsetzen (Sinnesschulung), ihre Lebenswelt mit dem ganzen Körper und seinen Gliedern erleben sowie viele Primärerfahrungen in Echtsituationen machen können.

Freispiel und Projektarbeit

Eine von der eigenen Neugier, von Forschungsdrang und individuellen Interessen geleitete Welterkundung ist besonders gut im Freispiel möglich – der naturgemäßen Form des Lernens im Kleinkindalter. Hier begegnen Kinder ganz unterschiedlichen Materialien und erkunden deren Verwendung, zeigen ihre Kreativität, versetzen sich in verschiedene Rollen, planen etwas gemeinsam mit anderen und führen dies durch, improvisieren und bewältigen selbständig Probleme. Sie lernen, Beziehungen zu gestalten, zu konkurrieren und zu kooperieren, zu führen und sich unterzuordnen, andere ausreden zu lassen und zuzuhören, etwas auszuhandeln, sich durchzusetzen, Kompromisse einzugehen, Konflikte zu lösen und verlieren zu können – wichtige Kompetenzen für die Zukunft.

Aufgrund der großen Bedeutung sollten Freispiel und Rollenspiel gegen Tendenzen einer Verschulung von Kindertageseinrichtungen verteidigt werden – Kleinkinder brauchen dringend Freiräume, die nicht pädagogisch besetzt sind. Das schließt Bildungsangebote natürlich nicht aus, da Erzieherinnen viele Kenntnisse und Kompetenzen nur auf diese Weise vermitteln können. Oft ist dies aber auch in Spielsituationen möglich, wenn sich die Fachkräfte an ihnen beteiligen: Durch Mitspielen bzw. Anleiten verbessern sie die Qualität des Frei- oder Rollenspiels, bringen neue Ideen ein oder regen durch Fragen zum Nachdenken an. Besonders wichtig ist, dass sie sich immer wieder als Gesprächspartner zur Verfügung stellen, sodass gemeinsame längere Denkprozesse entstehen können, Wissen ko-konstruiert werden kann und Metakommunikation ermöglicht wird. Dann wird die kognitive Entwicklung von Kleinkindern am intensivsten gefördert.

Da es in Kindertageseinrichtungen nicht darauf ankommt, wie in der Schule ein bestimmtes Wissen (z.b. nach einem Lehrplan) zu vermitteln, bietet sich das exemplarische Lernen an. Hierzu ist Projektarbeit besonders gut geeignet, weil ganz unterschiedliche Methoden und Aktivitäten eingesetzt werden können, die zusammengenommen zu einer ganzheitlichen Förderung des Kindes in allen Entwicklungsbereichen führen. Da bei Projekten Kinder etwas gemeinsam planen und bei der Umsetzung ihrer Pläne kooperieren, da sie viel miteinander bereden und unterschiedliche Positionen ausdiskutieren müssen, werden Teamfähigkeit, kommunikative Kompetenzen und Kompromissbereitschaft gefördert.

Bildungsbereiche

Erzieherinnen dürfen sich einerseits dem Computer und den neuen Medien gegenüber nicht verschließen und müssen Kindern Medienkompetenz vermitteln. Wird gute Software verwendet, können Kleinkinder am Computer neue Kenntnisse und Fertigkeiten erwerben, aber auch kreativ und künstlerisch tätig werden. Beim gemeinsamen Lösen von Aufgaben müssen sie miteinander interagieren und kooperieren, sodass sie oft mehr miteinander sprechen als bei anderen Aktivitäten. Andererseits müssen Erzieherinnen aber auch der wachsenden Gefahr von Primärerfahrungsdefiziten aufgrund der Mediatisierung unserer Gesellschaft begegnen. So dürfen Medien nicht die Überhand im pädagogischen Alltag gewinnen. Im Elementarbereich sind noch am ehesten ganzheitliches Lernen, physische Lebenswelterfahrung, Sinnesschulung und Selbsterfahrung möglich.

Werden Kinder als Entdeckungsreisende wahrgenommen und akzeptiert, dürfte es nicht schwer fallen, die pädagogische Arbeit an ihren Interessen auszurichten. Kinder sollten bei der Benennung von Projekt- bzw. Monatsthemen und bei der Auswahl von Aktivitäten mitbestimmen können. Sie brauchen (selbst gewählte) Aufgaben, an denen sie wachsen und ihre Potenziale entfalten können. Das erhöht die Motivation, selbstbestimmt, selbsttätig und eigenverantwortlich zu lernen – Lernen soll schließlich auch Spaß machen! Wenn Kinder im Team arbeiten, unterschiedliche Meinungen ausdiskutieren, „Experten" interviewen usw., ist es auch nur selten notwendig, sie auf

(Denk-) Fehler hinzuweisen – was sie oftmals entmutigen und demotivieren würde. In der Regel werden sie selbst Fehler entdecken und beheben, was nicht nur einen zusätzlichen Lernerfolg bedeutet, sondern auch Zukunftsfähigkeiten wie Selbst- und Fremdwahrnehmung, kommunikative Fertigkeiten und die Problemlösekompetenz fördert. Die positive Selbsterfahrung im Hinblick auf das Ergründen, Hinterfragen und Gestalten von Neuem erhöht zugleich Neugier, Lernbereitschaft und Leistungsfähigkeit.

Eine große Rolle sollte weiterhin die Kreativitätsförderung spielen. Malen, Tonen, Basteln und Werken, Singen, Musizieren und Tanzen, Schatten-, Puppen- und Theaterspiel, Brauchtum und Festgestaltung dürfen nicht zu kurz kommen. Dabei darf es nicht um irgendwelche „Leistungen" gehen (z.B. besonders schöne Bastelarbeiten oder Vorführungen vor Eltern), sondern um spielerische Erfahrungen mit verschiedenen Materialien, Werkzeugen, Papiersorten, Maltechniken, Klängen und (Körper-) Instrumenten. Der Keim für spätere Hobbys kann schon in Kindertageseinrichtungen gelegt werden – Hobbys, die kreative Betätigung und Entspannung bieten, aber auch Schutz vor dem kostspieligen „Freizeitkonsumrausch".

Erzieherinnen sollten großen Wert auf die Sozialerziehung legen, auf die Entwicklung kommunikativer Fertigkeiten und auf die Fähigkeit, interpersonale Konflikte für alle Seiten befriedigend zu lösen. Kinder müssen lernen, Beziehungen zu anderen Menschen positiv zu gestalten, sich in andere Personen hineinzuversetzen, deren Perspektive zu übernehmen und deren Gefühle zu respektieren. Ferner müssen sie befähigt werden, sich in kleinere oder größere Gruppen einzugliedern, sich einzubringen und das Gruppengeschehen mitzubestimmen. All diese Kompetenzen sind auch für ihre Zukunft relevant. Zudem sollten Kinder durch Partizipationsmöglichkeiten auf das Leben in einer Demokratie vorbereitet werden. Dazu gehört beispielsweise auch die Diskussion von Regeln oder das Abstimmen über alternative Vorschläge (z.B. im Rahmen von Kinderkonferenzen).

Die Kinder müssen außerdem lernen, normale Übergänge wie die von der Kindertageseinrichtung in die Schule sowie individuelle Transitionen wie z.B. die Trennung ihrer Eltern oder die Gründung einer Stieffamilie zu bewältigen. Hierbei können Erzieherinnen helfen – auch indem sie die Entwicklung von Resilienz fördern. Das Selbstwertgefühl von Kindern – insbesondere von solchen aus unteren sozialen Schichten und aus Randgruppen – sollte sich unabhängig von ihrer materiellen Lage entwickeln können.

Da die meisten Familien getrennt von alten Menschen leben, können Erzieherinnen Kindern den Kontakt zu Senioren erschließen – auch durch deren Einbindung in den Kita-Alltag. Jede Seite kann dann Verständnis für die Lebenssituation und die Bedürfnisse der anderen Seite entwickeln. Kinder wissen solche Begegnungen zu schätzen und gewinnen durch sie Einblicke in die Erlebens- und Verhaltensweisen älterer Menschen, aber auch eine historische Perspektive, wenn diese von früher erzählen. Auf solche Weise können Erzieherinnen einen Beitrag zur Verständigung zwischen den Generationen leisten und eine neue Kultur des Miteinanders schaffen – über die erweiterte Familie hinaus.

Die Kindertageseinrichtung ist oft der erste Ort, an dem Kinder aus verschiedenen Kulturkreisen und Subkulturen zusammenkommen und miteinander interagieren. Deshalb können Erzieherinnen einen Beitrag dazu leisten, dass Menschen aus unterschiedlichen Kulturkreisen lernen, einander zu achten, verschiedene Religionen, Werte, Traditionen und Verhaltensmuster zu tolerieren und miteinander auszukommen. Offenheit für kulturelle Vielfalt wird von den Fachkräften beispielhaft vorgelebt; durch das Einbeziehen von Eltern aus verschiedenen Bevölkerungsgruppen in die pädagogische Arbeit werden den Kindern neue Lernerfahrungen ermöglicht. Zudem können dank des Internets Partnerschaften mit Kitas in Entwicklungsländern eingegangen werden. Kleinkinder gewinnen so einen ersten Eindruck vom Leben der Menschen auf anderen Kontinenten.

Durch religiöse bzw. ethisch geprägte Erziehung können Erzieherinnen dazu beitragen, dass sich Kinder Werte und Moralvorstellungen aneignen und für sich selbst einen Lebenssinn finden. Auch kann die Grundlage für ein späteres soziales Engagement gelegt werden: die Bereitschaft, anderen Menschen zu helfen. Insbesondere Kindertageseinrichtungen mit einem kirchlichen Träger werden für viele Kleinkinder der einzige Ort sein, an dem sie noch biblische Geschichten, Gebete, religiöse Lieder und die Bedeutung von Festen wie Weihnachten und Ostern lernen.

In einer immer hektischer werdenden Gesellschaft ist es außerdem wichtig, dass Kinder lernen, zur Ruhe zu kommen und sich zu entspannen – z.B. mit Hilfe von Meditation, Entspannungsübungen, Musik und Mandalas oder durch das Schaffen von Schlaf- und Rückzugsmöglichkeiten. Auf diese Weise können Erzieherinnen auch einen Beitrag zur Entschleunigung des Lebens und zur Reduzierung von Leistungsdruck erbringen. Spielzeugfreie Phasen können dazu beitragen, dass Kinder lernen, sich selbst zu beschäftigen und Verzicht zu üben. Zudem wirken die Fachkräfte als Vorbilder, wenn sie ausgeglichen sind, immer die Ruhe bewahren und sich nicht unter Zeitdruck setzen – manche Aktivitäten dauern eben länger als geplant.

Da es in Zukunft vermutlich immer mehr fehlernährte und übergewichtige Kinder geben wird, ist die Gesundheitserziehung in Kindertageseinrichtungen zu intensivieren. Zumindest hier sollten Kleinkinder vollwertig und entsprechend ihres Kalorienbedarfs verpflegt werden. Oft werden Kinder nur noch in der Tagesstätte lernen, wie Kräuter und Gemüse im natürlichen Zustand aussehen, wie man mit frischen Zutaten kocht, wie man Brot, Plätzchen oder Kuchen backt, was gesund und was ungesund ist. Eine besondere Bedeutung kommt ferner der Bewegungserziehung und der sportlichen Betätigung zu.

In einer zunehmend urbanisierten Welt ist es notwendig, Kleinkindern möglichst viele Naturerfahrungen zu ermöglichen. Dies ist zum einen auf dem Außengelände der Kindertagesstätte möglich, wenn dieses mit Beeten, Kräuterspiralen, Obstbäumen und -sträuchern oder sogar mit Trockenmauern, einem Teich, einem Komposthaufen, einem zum Verstecken einladenden Gebüsch oder einem Sinnespfad ausgestattet wird. Zum anderen sollten naturnahe Flächen in der Umgebung erkundet werden, wo Kinder Naturbeobachtungen und -erfahrungen machen, mit natürlichen Materialien spielen, sich körperlich bewähren und ungefährliche Abenteuer erleben können. Zugleich können sie zu einem aktiven Natur- und Umweltschutz motiviert werden, indem sie angehalten werden, z.B. keine Pflanzen zu beschädigen, Insekten nicht zu töten und Müll aufzusammeln. Aber auch ein sparsamer Umgang mit Ressourcen wie Wasser, Heizung und Strom kann in der Kindertagesstätte gelernt werden, wenn z.B. Regenwasser zum Begießen von Pflanzen gesammelt, Fenster im Winter nur kurz – aber weit – geöffnet werden oder Lampen bloß dort angeschaltet werden, wo gerade Licht gebraucht wird.

In der Kindertageseinrichtung ergeben sich viele weitere Situationen, in denen Kinder naturwissenschaftlich-technische oder mathematische Erfahrungen sammeln können, ohne dass besondere Bildungsangebote wie z.b. Experimente gemacht werden müssen. Beispielsweise lernen Kleinkinder das Zählen, wenn sie morgens die Anzahl der Anwesenden ermitteln oder das Tischdecken übernehmen. Beim Sortieren (z.b. von Perlen) oder Verteilen von Gegenständen (z.b. von Gummibärchen) entwickeln sie Mengenbegriffe, beim Umschütten von Sand oder Wasser in verschieden große Gefäße beobachten sie die Invarianz von Mengen. Beim Spielen mit Bauklötzen erkennen sie verschiedene geometrische Formen und lernen deren Bezeichnungen, wenn die Fachkräfte sie benennen. Zugleich machen sie Erfahrungen mit der Statik. Beim Wippen erleben sie die Hebelwirkung. Beobachten sie, wie Schnee und Eis schmelzen oder dass beim Kochen Wasserdampf entsteht, erkennen sie unterschiedliche Aggregatzustände. Beim Herstellen von Hefeteig sehen sie, wie schnell sich Pilzkulturen vermehren können. Auch lernen sie die Verwendung der in Kindertageseinrichtungen vorhandenen Geräte kennen (Dreirad, Telefon, Kopierer, CD-Player, Computer usw.) – und auch deren Funktionsweise, falls Erzieherinnen entsprechende Fragen der Kinder beantworten (können).

Ferner können Kleinkinder erste Erfahrungen mit dem Wirtschaftsleben machen, wenn sie im Rahmen eines Projekts den Geldkreislauf erkunden oder sich damit befassen, wer alles an der Herstellung weiterverarbeiteter Produkte beteiligt ist (z.b. „Wo kommen die Zutaten für ein Brot her?"). Andere Möglichkeiten sind beispielsweise Ausstellungen in der Kita, für die seitens der Kinder ein Eintrittsgeld eingesammelt wird oder wo diese selbst gemalte Bilder (oder andere Dinge) zu von ihnen festgesetzten Preisen verkaufen.

Obwohl in den letzten Absätzen zwischen verschiedenen Kompetenz- und Bildungsbereichen unterschieden wurde, darf nicht der Eindruck entstehen, dass hier spezifische Bildungsangebote oder gar besondere, von Spezialisten entwickelte Förderprogramme vorherrschen sollten. Kleinkinder lernen ganzheitlich, und so sollten entsprechende Aktivitäten der Selbstbildung und des ko-konstruktiven Lernens im Mittelpunkt stehen (z.B. Freispiel, Projektarbeit).

Kinder mit besonderen Bedürfnissen

Da in Zukunft noch mehr Kinder in bildungsfernen Familien, in Subkulturen verschiedenster Migrantengruppen oder in Risikolagen (z.b. Armut) aufwachsen werden, sind Erzieherinnen weiterhin gefordert, deren Bildungs- und damit auch deren Lebenschancen zu verbessern. Beispielsweise benötigen Kinder mit Migrationshintergrund neben einer guten alltagsintegrierten Sprachförderung zusätzliche Förderangebote, damit sie bei der Einschulung die deutsche Sprache beherrschen. Zugleich sollten ihre Eltern angehalten werden, auch die Herkunftssprache zu pflegen, da Mehrsprachigkeit eine wichtige Qualifikation ist.

In den kommenden Jahren wird die Inklusion an Bedeutung gewinnen: Behinderte und von Behinderung bedrohte Kinder sollen nicht wie bisher in Kindertagesstätten nur integriert werden, sondern bei dieser „Pädagogik der Vielfalt" soll der Fokus auf die Heterogenität und Individualität *aller* Kinder erweitert werden: Jedes Kind hat besondere Bedürfnisse, Stärken und Schwächen. Dementsprechend sollte durch Differenzierung und Individualisierung – und ohne eine „Etikettierung" als „behindert", „hochbegabt", „sprachauffällig" oder „musikalisch" – jedes Kind entsprechend seiner speziellen Bedarfe angemessen gefördert werden. In Einzelfällen werden Erzieherinnen dabei mit Fachkräften anderer Berufsgruppen kooperieren.

Die Erzieherin-Kind-Beziehung

Schließlich bleibt es wichtig, dass sich die Fachkraft viel Zeit für das einzelne Kind nimmt. Je länger es in der Einrichtung betreut wird, umso wichtiger wird, dass es eine bindungsähnliche Beziehung zu seiner Bezugserzieherin aufbauen kann. Insbesondere bei unter Dreijährigen wird die Fachkraft hier mit der Herausforderung konfrontiert, die Gratwanderung zwischen „Elternersatz" und „professioneller Distanz" zu bewältigen. Nur wenn sich Kinder in der Kindertagesstätte sicher und geborgen fühlen, können sie alle hier gebotenen Lernchancen nutzen.

Auch in Zukunft werden Kinder Gesprächspartner benötigen, denen sie ihre Gedanken und Gefühle anvertrauen können und die wirklich zuhören. Vor allem müssen die aktuellen Bedürfnisse der Kinder beachtet werden – nach Liebe und Zuwendung, Wertschätzung und Respekt, Verlässlichkeit und Freundschaft, Individualität und Selbstverwirklichung. Für Kinder sollten Kindertageseinrichtungen ein Umfeld sein, in dem sie sich zufrieden und glücklich fühlen.

Erziehen und Bilden für die Zukunft bedeuten somit nicht, dass auf die Kindorientierung verzichtet wird – und natürlich müssen Kindertageseinrichtungen weiterhin familien-, lebenswelt- und gegenwartsorientiert sein. Das Kind muss aber immer im Mittelpunkt stehen!

Die Qualität frühkindlicher Bildung verbessern

Die hier skizzierten Aufgaben von Kindertageseinrichtungen können nur zufriedenstellend erfüllt werden, wenn in den kommenden Jahren die Rahmenbedingungen verbessert werden. Insbesondere müssen die Gruppengröße und der Erzieherin-Kind-Schlüssel reduziert werden. Aber auch die Vor- und die Nachbereitungszeit sind auszuweiten; bürokratische Aufgaben sind auf ein Minimum zu beschränken. Ferner müssen die Erstqualifizierung und Fortbildung der Fachkräfte verbessert werden. Wie die Mitarbeiter in anderen Bereichen der Kinder- und Jugendhilfe benötigen Erzieherinnen (Einzel-) Supervision, die ihnen derzeit zumeist noch verweigert wird. Eine bessere Qualität der frühkindlichen Bildung lässt sich somit nur erreichen, wenn dem Elementarbereich mehr finanzielle Ressourcen seitens der Politik zur Verfügung gestellt werden.

Aufgaben von Schulen

Aufgrund der skizzierten Zukunftstendenzen stehen Schulen weltweit vor grundlegenden Veränderungen. Bildungsinhalte, Lernformen, die Rolle der Lehrer, die Bewertung von Kenntnissen und Kompetenzen sowie der institutionelle Rahmen werden sich in den nächsten Jahrzehnten grundlegend wandeln. Die Bedeutung des Erwerbs von Faktenwissen wird erheblich abnehmen zugunsten der lernmethodischen Fähigkeit, relevante Informationen finden, bewerten und kreativ nutzen zu können, denn nur so wird die Grundlage für lebenslanges Lernen in der Wissensgesellschaft gelegt. Aber auch kommunikative, soziale und personale Fähigkeiten müssen in Zukunft verstärkt gefördert werden. So ist ein kompetenzbasiertes Bildungskonzept vonnöten, das auf Schlüsselqualifikationen fokussiert, die im Verlauf des Lebens weiter ausgebaut werden können.

Ferner muss der Pool der Begabungen besser ausgeschöpft werden – insbesondere das Potenzial von Kindern mit Migrationshintergrund bzw. aus bildungsfernen Schichten: Während laut Datenreport 2021 im Jahr 2018 nur 30% der Schüler an Gymnasien einen Migrationshintergrund aufwiesen und nur 8% in Familien aufwuchsen, in denen die Eltern einen Hauptschulabschluss oder keinen allgemeinen Schulabschluss als höchsten Schulabschluss besaßen, hatten 57% der Hauptschüler einen Migrationshintergrund und kamen 55% aus Familien mit dem vorgenannten Bildungsstand der Eltern. Ferner ist mehr Augenmerk auf hoch begabte Kinder zu legen, die bisher zu häufig nicht bzw. zu spät identifiziert und dementsprechend zu wenig gefördert wurden. Neben entsprechenden Fortbildungen für (Grundschul-) Lehrer müssten Angebote der Akzeleration und des Enrichments sowie Förderklassen weiter ausgebaut werden.

Die hohen Anforderungen an das Schulsystem werden dazu führen, dass die Bildungszeit verlängert werden wird – vielleicht durch eine Reduzierung der Ferienzeiten, mit Sicherheit aber durch eine Verlängerung der Schultage. So gehört Ganztagsschulen die Zukunft. Im Jahr 2020 besuchten laut KMK schon 47% aller Schüler an allgemeinbildenden Schulen eine Ganztagsschule, wobei die Prozentsätze zwischen 17% in Bayern und 94% in Hamburg variierten.

In Ganztagsschulen kann der Unterrichtsstoff am Vormittag und am Nachmittag vermittelt werden. Dazwischen können Schüler ihre „Hausaufgaben" erledigen und alleine oder in Kleingruppen Lerninhalte wiederholen, einüben und vertiefen – mit oder ohne Unterstützung durch Lehrer bzw. pädagogisch geschultes Personal. So wird selbständiges und eigenverantwortliches Lernen ermöglicht, wobei Schüler sich in einem vorgegebenen Rahmen die Zeit einteilen und auch eigene Schwerpunkte setzen können. Zudem können leistungsschwache Schüler in diesen Zeiträumen individuell oder in Kleingruppen gefördert werden.

Vor allem aber ermöglichen Ganztagsschulen die Rhythmisierung des Lernens, also den Wechsel zwischen Anspannung und Entspannung, indem zwischen den Unterrichtsstunden und Hausaufgabenzeiten andere Angebote eingefügt werden, bei denen nicht das kognitive Lernen im Vordergrund steht und der Leistungsdruck geringer ist (z.B. weil keine Benotung erfolgt). Dazu können Sport (Mannschaftsspiele, Schwimmen, Klettern, Kung-Fu, Yoga usw.), Lesen in der Bibliothek, Musik (Schulband/-orchester, Chorsingen, Tanzen, Trommeln, Flöten-, Geigen-, Gitarrenkurse usw.), Programmieren, Kunst (Malen, Töpfern, Textilgestaltung usw.), Erste-Hilfe-Kurse, gemeinsames Spielen (Schach, Gesellschaftsspiele usw.), Werken, hauswirtschaftliche Tätigkeiten (z.B. Kochen/Backen, Handarbeiten), Theatergruppen, Sprachkurse (Italienisch, Russisch, Japanisch usw.), Debattierclubs, Gesprächs- und Arbeitskreise gehören.

Auf diese Weise kann eine Balance zwischen kognitivem Lernen auf der einen und motorischem, musischem, künstlerischem, kulturellem, medialem, emotionalem und sozialem Lernen auf der anderen Seite erreicht werden. Zugleich wird Schule zu einem Erfahrungs- und Lebensraum, der nicht nur von Lehrern, sondern auch von den Schülern selbst sowie von Freizeit- und Sozialpädagogen (z.B. Mitarbeitern aus der Jugendarbeit oder von Jugendverbänden), nebenamtlichen Lehrkräften (z.B. Tanz- oder Musikschullehrern, Trainern) und Ehrenamtlichen (z.B. Lesepaten, Mitgliedern von Vereinen oder Künstlern) gestaltet wird. Neben dem Unterricht gewinnen Selbstbildung, die individuelle Weiterentwicklung, das Leben in Gruppen und die Mitgestaltung einer Lebensgemeinschaft an Bedeutung.

In Zukunft sollte der Biorhythmus der Schüler besser berücksichtigt werden, was an Ganztagsschulen leicht möglich wäre. So lassen Konzentrations- und Leistungsfähigkeit um die Mittagszeit nach und steigen erst wieder ab 14 Uhr an. Dementsprechend sollten zwischen 12 und 14 Uhr möglichst keine Hauptfächer angesetzt werden. Aber auch der Beginn des Schultages könnte entspannter gestaltet werden, wenn die Schüler vor Unterrichtsbeginn in Aufenthaltsräume gehen und ein gesundes Schulfrühstück zu sich nehmen könnten – inzwischen kommt bereits ein Drittel aller Kinder ohne Frühstück in die Schule, was natürlich ihre Lernfähigkeit beeinträchtigt. Außerdem sollte in Ganztagsschulen großer Wert auf ein vollwertiges Mittagessen gelegt werden. Nehmen Lehrer an den Mahlzeiten teil, können sie auf Tischsitten und -gespräche einwirken – und sei es nur durch ihr Vorbild. Bei Jugendlichen ist auch ein späterer Unterrichtsbeginn sinnvoll, da sich der Biorhythmus im Alter von 12 oder 13 Jahren stark verändert und viele Kinder zu „Nachteulen" bzw. „Langschläfern" werden. Zudem entspricht eine Unterrichtsstunde von 45 Minuten nicht dem Lernrhythmus der Schüler. Deshalb dürften in Zukunft häufiger längere Unterrichtsblöcke angesetzt werden.

Da Lehrer bei über den Vor- und Nachmittag verteilten Unterrichtsstunden zumeist den ganzen Tag in der Schule verbringen müssen, sind sie in ihren Freistunden für Rückfragen ihrer Schüler erreichbar – aber auch für Besprechungen mit Kollegen, um z.B. fächerübergreifenden Unterricht, Projekte oder besondere Aktivitäten gemeinsam zu planen. Zudem sind sie für andere Berufsgruppen ansprechbar, die an der Ganztagsschule tätig sind (z.B. Freizeit- und Sozialpädagogen), die einzelne verhaltensauffällige, lerngestörte oder behinderte Schüler betreuen (z.B. Beratungs- und Förderlehrer, Heilpädagogen, Schulsozialarbeiter und -psychologen) oder die Eltern mit Erziehungsschwierigkeiten und anderen Problemen beraten (z.B. Mitarbeiter von Beratungsstellen oder Jugendämtern). So kann eine sinnvolle Kooperations- und Feedbackkultur in den zunehmend multiprofessionell werdenden Schulkollegien entstehen.

Bildungsinhalte

Nimmt man die Vorstellung vom lebenslangen Lernen ernst, darf man die Lehrpläne nicht überfrachten und die Schüler nach dem Prinzip des Nürnberger Trichters mit Unmengen von Wissen „voll stopfen". Derzeit müssen sich Gymnasiasten in vielen Fächern Kenntnisse aneignen, die Lehrer mit anderen Fachkombinationen an der gleichen Schule nicht beherrschen – das geht weit über Allgemeinbildung hinaus. So sollten die Lehrpläne radikal entschlackt werden, damit die Lernmotivation erhalten bleibt, Themen kritisch diskutiert werden können (Nachdenken statt Pauken!), sich Kenntnisse in Gruppenarbeit vertiefen lassen und Zeit für deren Wiederholung zwecks Festigung des Lernerfolgs bleibt.

Um die Wissensgesellschaft später mitgestalten zu können, benötigen Kinder und Jugendliche vor allem lernmethodische Kompetenzen, damit sie sich die im Verlauf ihres Lebens benötigten Kenntnisse selbst aneignen können. Sie müssen das Lernen lernen, also wissen, wie man relevante Informationen beschafft, beurteilt, vergleicht und in das bisherige Wissen einordnet, wie man sie sich einprägt und den eigenen Lernerfolg überprüft. Ferner sollten sie mit Informationen arbeiten und sie anwenden können. Aber die Schüler müssen auch lernen, wie man eigene Kenntnisse weitergibt, also z.B. in eine Arbeitsgruppe einbringt, verständlich präsentiert und kritisch diskutiert, wie man sie mit dem Wissen der anderen Gruppenmitglieder kombiniert, wie man gemeinsam Probleme löst und wie man ein von allen getragenes Arbeitsergebnis erreicht. So werden Lernprozesse – und nicht mehr Lernprodukte – zum Gegenstand des Unterrichts.

Noch wichtiger ist, dass die heutigen Schüler befähigt werden, als Erwachsene Wissenschaft, Technik, Wirtschaft, Kultur und Gesellschaft mitzugestalten. Schon der griechische Philosoph Heraklit meinte, dass Bildung nicht das Befüllen von Fässern, sondern das Entzünden von Flammen sei. Oder wie der Neurobiologe Gerald Hüther sagte, sei es nicht so wichtig, Kulturgüter zu überliefern, wie den Geist zu entflammen, der diese Güter hervorgebracht hat. Dazu müssen die Schüler auch fachspezifische Methodenkompetenzen erwerben, also lernen, mit welchen Verfahren im jeweiligen Bildungsbereich Erkenntnisse gewonnen und Probleme gelöst werden. Zugleich sollten sie eine forschende Grundhaltung entwickeln, die auf Neugier, intrinsischer Motivation und ausgeprägten Interessen beruht. Die „Paukschule" mit Auswendiglernen bzw. Lernen aus Angst ist nicht die Zukunft, sondern Lernen sollte laut dem Hirnforscher Manfred Spitzer mit positiven Emotionen, ja sogar mit einem Glücksempfinden verbunden sein.

Schüler müssen somit „nur" ein Grundgerüst an Wissen erwerben, das es ihnen ermöglicht, sich in der postmodernen Welt zu orientieren, ein selbstbestimmtes Leben zu führen und gesellschaftliche Prozesse aktiv mitzugestalten. Die miteinander vernetzten Kenntnisse sollten als Grundlage für Berufsausbildung bzw. Studium ausreichen.

Wenn die Lehrpläne entschlackt würden, bliebe Zeit für neue Schulfächer. Obwohl die Zukunft Deutschlands weitgehend von seiner Wirtschaft abhängt, spielen Volks- und Betriebswirtschaft derzeit keine große Rolle als Unterrichtsfach. Die Jugendstudie 2021 des Bundesverbandes Deutscher Banken, für die 700 Jugendliche und junge Erwachsene im Alter von 14 bis 24 Jahren befragt wurden, zeigte dementsprechend große Wissensdefizite: Beispielsweise konnten 86% der Befragten nicht annähernd sagen, wie hoch die Inflationsrate in Deutschland ist, und 83% wussten nicht, dass die Europäische Zentralbank (EZB) für die Preisstabilität in der EU-Zone zuständig ist. So sprachen sich 76% der Befragten dafür aus, dass die Vermittlung wirtschaftlicher Zusammenhänge einen höheren Stellenwert an der Schule erhält; 77% wünschten sich ein Unterrichtsfach „Wirtschaft".

Deshalb sollte dieses Fach an allen Schulen eingeführt und über möglichst viele Jahrgangsstufen hinweg unterrichtet werden. Dabei sollten die Schüler auch Einblick in die betriebliche Wirklichkeit erhalten und praktische Erfahrungen sammeln können, z.B. durch Praktika oder Fallstudien in Unternehmen. Zudem könnte ein Teil des Unterrichts von Managern übernommen werden – entweder in der Schule oder direkt im Betrieb. Positive Erfahrungen wurden auch mit „Juniorfirmen" an Schulen gesammelt: Kinder und Jugendliche gründen unter Anleitung eigene Betriebe (z.B. einen Verkaufsstand, ein Schülercafé, einen Veranstaltungsservice, eine Produktionsstätte für T-Shirts), entwickeln somit Unternehmergeist und erwerben ganz praktisch kaufmännische Kompetenzen (z.B. Marktanalyse, Kundenwerbung und -pflege, Kalkulation, Buchführung). Ferner können Schülern viele Kenntnisse und Fertigkeiten mit Hilfe spezieller Computerspiele vermittelt werden, in denen Wirtschaftsunternehmen simuliert werden. Schüler lernen das Funktionieren eines Betriebs kennen, indem sie die dort üblichen Rollen übernehmen.

In den letzten Jahren wurde die Bedeutung der Naturwissenschaften für die Zukunft der deutschen Wirtschaft erkannt und in vielen Bundesländern der Unterricht in Mathematik, Biologie, Chemie und Physik intensiviert – sofern genügend Lehrkräfte mit einer entsprechenden Qualifikation zur Verfügung stehen. Zumeist handelt es sich nun um reine „Paukfächer". Einige Schulen haben jedoch auch Methoden ausprobiert, die eher zukunftsweisend sind: Beispielsweise gibt es bereits an einigen Gymnasien Forschungsjahre. Dann haben die Schüler alle zwei Wochen keinen Unterricht, sondern gehen individuellen Forschertätigkeiten an Universitätsinstituten, in Unternehmen oder kommunalen Einrichtungen nach. Dort werden sie von einem Mentor angeleitet. Die Schüler dokumentieren ihre praktischen Erfahrungen und präsentieren sie am Ende ihres Forschungsjahres der Öffentlichkeit.

Aber auch durch einen Unterricht in der Natur, das Arbeiten in schuleigenen Gärten oder die Aufzucht von Tieren können naturwissenschaftliche Kenntnisse lebensnah vermittelt werden. So entstehen in den USA immer mehr Schulgärten (alleine in Kalifornien gibt es inzwischen mehr als 6.000), damit Schüler lernen können, wie Lebensmittel produziert werden und wie sie im Naturzustand schmecken. Durch Unterricht und praktische Forschertätigkeiten im Wald, auf der Wiese, im Moor oder am Teich könnte auch dem bereits erwähnten Natur-Defizit-Syndrom begegnet werden. Je mehr Naturerfahrungen gemacht werden, umso eher wird eine emotionale Beziehung zur Natur entwickelt: Sie wird als etwas gesehen, was es zu lieben und zu schützen gilt.

Sonderbarerweise fehlen derzeit die Ingenieurwissenschaften in nahezu allen Lehrplänen, obwohl die wirtschaftliche Entwicklung Deutschlands weitgehend von der technologischen abhängt und die meisten Kinder von Technik umgeben (und fasziniert) sind. Deshalb sollten entsprechende Fächer in Zukunft an allen Schulen eingeführt werden. Neben dem theoretischen Unterricht sollten Kinder auch möglichst früh lernen, mit Werkstoffen wie Holz, Kunststoff, Metall oder Keramik praktisch umzugehen, indem sie z.B. nützliche Gegenstände, Geschenke oder Schmuck herstellen. Ältere Schüler könnten technische Geräte auseinandernehmen und so deren Bestandteile und ihr Zusammenwirken kennen lernen. Ferner könnten sie kleine Fahrzeuge, Flugzeuge, Maschinen, Solaranlagen oder Roboter bauen, Schulcomputer und Netzwerke warten oder Reparaturen im Schulgebäude durchführen. Praktische Erfahrungen ließen sich auch durch

Besichtigungen, Schnuppertage, Praktika oder Projekte in Fabriken, in Handwerksbetrieben oder bei kommunalen Versorgern vermitteln. Dieser große Praxisbezug dürfte das Interesse an den Ingenieurwissenschaften intensivieren. Zugleich würden die Schüler lernen, naturwissenschaftliches Wissen anzuwenden. Ein solcher Unterricht würde vor allem männlichen Schülern Spaß machen und sie engagiert mitarbeiten lassen. Jungen interessieren sich oft für andere Lerninhalte als Mädchen (wie eben für die Technik). Diese sind aber an Schulen unterrepräsentiert, was zu der geringeren Leistungsmotivation von männlichen Schülern beitragen dürfte (s.u.).

Da das Leben in unserer Gesellschaft stark durch Gesetze und Verordnungen geprägt ist, sollten in Zukunft vermehrt juristische Kenntnisse an Schulen vermittelt werden. Auch aktuelle politische (Grundsatz-) Fragen und gesellschaftliche Probleme sollten im Unterricht aufgegriffen und von den Schülern diskutiert werden. Medizinische, soziologische, psychologische und pädagogische Kenntnisse werden ebenfalls immer wichtiger und müssten deshalb mehr in die Lernpläne einfließen. In entsprechenden Unterrichtsfächern könnten häufig Projekte durchgeführt werden, bei denen z.B. lebensweltliche Alltagserfahrungen der Schüler oder örtliche Problemlagen aufgegriffen werden. Auch wären Praktika in Krankenhäusern, Behinderteneinrichtungen, Seniorenheimen, Kindertagesstätten, Gerichten und Justizvollzugsanstalten sinnvoll. Hier könnten Schüler ihr Handeln als sinnvoll erleben und lernen, Verantwortung zu übernehmen.

Leider fehlen derzeit Lehrer mit einer medizinischen, juristischen, ingenieurwissenschaftlichen oder betriebswirtschaftlichen Qualifikation. Ein Ausweg aus dieser Situation wäre einerseits, Lehraufträge über einige wenige Unterrichtsstunden an Vertreter entsprechender Berufsgruppen (Manager, Techniker, Rechtsanwälte, Ärzte usw.) zu vergeben. Wie in der Vergangenheit bei Bedarf schon Naturwissenschaftler ohne Lehramtsstudium an Schulen angestellt wurden, könnten andererseits Ingenieure, Juristen, Volks- und Betriebswirte als Lehrer beschäftigt und für diese Tätigkeit nachqualifiziert werden.

Es muss außerdem hinterfragt werden, ob derzeitige Schulfächer zukünftigen Anforderungen entsprechen. So werden in unserer globalisierten Welt Fremdsprachenkenntnisse immer wichtiger. Zu überprüfen ist hier, ob an unseren Schulen wirklich die wichtigsten Sprachen unterrichtet werden. Beispielsweise wird laut Wikipedia Mandarin-Chinesisch derzeit von 921 Mio. Menschen gesprochen, Englisch als zweithäufigste Sprache aber nur von 370 Mio. Personen. Englisch spielt allerdings als Zweitsprache eine größere Rolle: 898 Mio. Menschen haben Englisch gelernt, aber nur 199 Mio. Chinesisch. Zudem gilt Englisch als Sprache für die Berufswelt, die Wissenschaften und das Internet. Andere Weltsprachen mit Zukunft sind Hindi und Arabisch; sie könnten bis 2050 das Englische als Muttersprache überholt haben. Auch die Bedeutung des Spanischen wird zunehmen; in den USA werden bis zum Jahr 2050 Menschen lateinamerikanischer Herkunft zusammen mit Schwarzen und Asiaten mehr als die Hälfte der Bevölkerung ausmachen. Französisch oder gar Latein und Griechisch werden hingegen an Bedeutung verlieren.

Bedenkt man, dass China in einigen Jahren die größte Wirtschaftsmacht sein wird und schon jetzt der wichtigste außereuropäische Handelspartner Deutschlands ist, sollte in Zukunft Hochchinesisch (Mandarin) zumindest an allen weiterführenden Schulen als (zweite) Fremdsprache angeboten werden. Englisch als erste Fremdsprache könnte auch in anderen Haupt- und Nebenfächern zum Einsatz kommen, sodass der Unterricht bilingual würde. Als dritter Fremdsprache könnte dann Spanisch oder Hindi der Vorzug gegeben werden.

Natürlich kann man nicht in wenigen Jahren genügend Lehrer für Mandarin oder Hindi an deutschen Universitäten ausbilden oder gar die bisherigen Latein- und Griechischlehrer entsprechend umschulen. Aber man könnte Lehrkräfte in China, Indien, Spanien oder Lateinamerika anwerben – was für diese auch aufgrund der höheren Gehälter in Deutschland attraktiv sein dürfte. Der Unterricht würde dann ausschließlich in der jeweiligen Fremdsprache geführt werden. Lehrer aus anderen Ländern, die zudem deren Kultur, Sitten und Gebräuche repräsentieren würden, wären sicherlich eine weitere Bereicherung für die multiprofessionellen Schulkollegien der Zukunft.

Aber auch in Fächern wie Geschichte oder Geografie müsste den bevölkerungsstarken Regionen dieser Erde bzw. den Wirtschafts- und Weltmächten der Zukunft mehr Unterrichtszeit gewidmet werden. Die Schüler sollten mindestens genauso viel über Landesnatur,

Bevölkerung, Geschichte, Kultur, Wirtschaft und Gesellschaft von Ländern wie China, Indien, Russland und Brasilien wissen wie über die USA, Frankreich und Großbritannien. Durch Auslandsaufenthalte, technische oder unternehmerische Aktivitäten an der Schule, Praktika in Betrieben, Projekte mit außerschulischem Bezug usw. gewinnen Schüler nicht nur Einblicke in die Welt außerhalb der Schulmauern, sondern erkennen auch einen Zusammenhang zwischen den im Unterricht vermittelten Kenntnissen und der späteren Anwendung im Beruf, zwischen (jetzt) Lernen und (später) Arbeiten. Dann ergibt das Lernen einen Sinn, da ein praktischer Nutzwert schulischer Inhalte und ein Lebensweltbezug offensichtlich werden. Dies dürfte Lernmotivation und Lernfreude erhöhen.

Bedenkt man, dass Kinder und Jugendliche in ihrer Freizeit immer weniger und immer oberflächlicher lesen sowie sich durch WhatsApp und das häufige Eintippen von Texten auf sozialen Websites einen primitiven Schreibstil angewöhnen (s.o.), kommen in Zukunft der Leseförderung und dem Erwerb der dekontextualisierten bzw. der Schriftsprache eine große Bedeutung zu. So sollten in (Grund-) Schulen durch eine emotional ansprechende Lektüre bzw. durch die Berücksichtigung entsprechender Interessen der Schüler mehr freudvolle Lesesituationen geschaffen werden, durch die eine intrinsische Lesemotivation gefördert wird. Aber auch regelmäßige Vorlesezeiten in (Grundschul-) Klassen, Lesetagebücher, Vorlesewettbewerbe, Lesenächte, Literaturcafés, der Einsatz von ehrenamtlichen Lesepaten oder Bücherrallyes dürften sinnvoll sein. Leseecken im Klassenzimmer und eine den ganzen Tag hindurch geöffnete Schulbibliothek mit Leseräumen würden es Schülern ermöglichen, sich alleine oder mit Gleichgesinnten (z.B. in einem Lesekreis) mit den vorhandenen Büchern und (Jugend-) Zeitschriften zu befassen. Lesescouts – bücherbegeisterte Kinder – könnten ihre Klassenkameraden auf spannende Bücher neugierig machen. Ältere Kinder und Jugendliche sollten auch an Sachbücher und Fachtexte herangeführt werden.

Wenn häufiger Papier und Füller bzw. Kugelschreiber anstatt von Tastaturen verwendet würden, könnten Schüler aus der kritischen Distanz zum eigenen handschriftlichen Text heraus einen komplexen, treffenden und kultivierten Schreibstil entwickeln. Sie sollten möglichst oft längere Texte erstellen (z.b. Aufsätze, Essays, Referate, Facharbeiten).

Zudem muss die Kreativität der Kinder mehr gefördert werden. Entsprechende Aktivitäten sind vor allem im Rahmen des Musik- und Kunstunterrichts möglich. Außerdem könnten vermehrt Projekte zusammen mit Musikern, Malern, Bildhauern und Filmemachern durchgeführt oder Musikdarbietungen und Kunstausstellungen in der Schule bzw. an anderen Orten realisiert werden.

Ferner sollten durch Sportunterricht und Bewegungsangebote (z.B. in den Pausen, auch durch Umgestaltung von Schulhöfen zu Abenteuerspielplätzen) die motorische und die gesundheitliche Entwicklung gefördert werden – zu viele Schüler sind untrainiert, ungeschickt und zu dick. Da sie oft übermüdet und gestresst sind, benötigen sie Informationen über die Bedeutung des Schlafes und die Entstehung von Stress. Ferner sollten sie Entspannungsverfahren kennen lernen. Außerdem müssen Kinder auf das Leben in einer Freizeitgesellschaft vorbereitet werden, in der sie viele Chancen zur Selbstverwirklichung haben. Sie sollten an Ganztagsschulen im Rahmen der Aktivitäten und Kurse zwischen den Unterrichtseinheiten (s.o.) lernen, ihre Freizeit sinnvoll zu gestalten, und möglichst frühzeitig Hobbys entwickeln.

Je vielfältiger und ausdifferenzierter eine Gesellschaft wird, je größer die Zahl der Optionen ist und je weniger Traditionen, Werte und Sitten tragen, umso wichtiger werden Hilfen zur Orientierung, bei der Suche nach dem Sinn des eigenen Lebens und zur Gewissensbildung. So wird auch in Zukunft Fächern wie Religion und Ethik eine große Bedeutung zukommen. Allerdings wird die christliche Erziehung in einer Gesellschaft, in der sich immer weniger Deutsche einer Konfession zurechnen und immer mehr Menschen anderen Religionsgemeinschaften angehören, nur für wenige Schüler relevant sein. So müsste – außer an konfessionell gebundenen Schulen – aus Religion „Religionskunde" werden. In diesem Fach könnten sich Schüler Wissen über verschiedene Religionen wie z.B. Judentum, Christentum, Islam, Hinduismus, Buddhismus, Taoismus, Shintoismus und Konfuzianismus aneignen. Solche Kenntnisse sind für ein Leben unter dem Vorzeichen der Globalisierung relevant:

Menschen werden immer häufiger in ihrem Heimatland, während Auslandsaufenthalten und auf Reisen mit anderen Religionen konfrontiert werden und sollten dann die wichtigsten Glaubenssätze, Kulte, Riten und Verhaltensnormen kennen.

Im Fach Ethik können zum einen Schlüsselprobleme der heutigen und der zukünftigen Welt diskutiert werden: gesellschaftliche Ungleichheit, Bevölkerungsentwicklung, Umgang mit alten Menschen und mit Behinderten, Arbeitslosigkeit, Armut (auch in Entwicklungsländern), Migration, Krieg, Ausbeutung der Natur, Klimawandel, Umweltzerstörung usw. Zum anderen sollten ethisch relevante Erfahrungen der Kinder und Jugendlichen thematisiert werden: „ungerechte" Leistungsbeurteilungen, Konflikte mit Erwachsenen und Peers, emotional belastende Erlebnisse wie der Tod eines Großelternteils, Mobbing, Komasaufen, Drogengefährdung usw. Ethische Fragen könnten aber auch in anderen Fächern behandelt werden, z.B. mangelnde Fairness beim Fußballspielen in Sport oder Gefahren der Gentechnik in Biologie. Kinder und Jugendliche werden jedoch nur über Persönliches sprechen, wenn sie ein echtes Interesse seitens der Lehrer verspüren, diese auch als Bezugspersonen und freundschaftlich gesinnte Gesprächspartner erleben und keine negativen Sanktionen fürchten müssen.

Ideal wäre es, wenn Schüler von der Reflexion ethischer Probleme zur Handlungsbereitschaft oder sogar zum konkreten Handeln geführt würden. Beispielsweise sollten sie Verständnis für die Lebenslagen und Bedürfnisse von Senioren entwickeln, deren Anteil an der Bevölkerung immer weiter ansteigen wird. Dann könnte der von manchen Fachleuten erwartete Generationenkrieg vermieden werden, da jüngere Menschen unter diesen Umständen eher bereit sein dürften, auf einen in Zukunft noch zunehmenden Anteil ihres Einkommens zugunsten der Senioren zu verzichten. Oder aus der Diskussion ökologischer Probleme heraus könnten die Solidarisierung mit Klimaflüchtlingen und deren Unterstützung, Schulprojekte wie der Bau einer Windturbine, die Übernahme einer Patenschaft für ein Biotop, ein besseres Recycling-Verhalten oder ein sparsamerer Umgang mit Ressourcen wie Wasser, Strom, Wärme, Papier, Nahrungsmitteln usw. resultieren. Zugleich erleben Schüler, dass ihr Handeln sinnvoll ist und positive Effekte für die Gesellschaft zeitigt.

Da junge Menschen oft Probleme beim Eingehen erster Partnerschaften erleben und immer weniger Erfahrungen mit Kleinkindern sammeln, da Paarbeziehungen sehr fragil geworden sind und die Erziehungsunsicherheit von Eltern zugenommen hat, sollte es in Zukunft auch das Fach „Familienkunde" an Schulen geben. Hier könnten wichtige pädagogische und psychologische Kenntnisse vermittelt sowie – sehr begrenzt – die Erfahrungen der Schüler in der eigenen Familie diskutiert werden. Zukunftsorientiert könnte gefragt werden, wie sich die Schüler eine gute Partnerschaft vorstellen, wie sie diese bewerkstelligen möchten, wie sie einmal eigene Kinder erziehen wollen und auf welche Weise sich Familie und Beruf vereinbaren ließen. Dann könnten relevante kommunikative und emotionale Kompetenzen geschult werden. Inzwischen gibt es auch lebensechte, computergesteuerte Puppen, die Schüler mit nach Hause nehmen können und dort wie echte Babys versorgen müssen. Die „Säuglingssimulatoren" fordern durch kräftiges Schreien eine Rundumversorgung, müssen also z.B. gefüttert, gewickelt oder in den Arm genommen und geschaukelt werden.

Anzumerken ist, dass die Erweiterung des Fächerkanons nicht dazu führen darf, dass die Schüler noch mehr Unterrichtsstunden pro Woche haben bzw. noch mehr lernen müssen. Wie bereits erwähnt, sollten ja die bisherigen Lehrpläne entschlackt und keine Kenntnisse mehr vermittelt werden, die über eine Allgemeinbildung hinausgehen. Zudem müssen viele Nebenfächer nicht für jedes Schuljahr eingeplant werden. Beispielsweise reicht es wahrscheinlich aus, wenn Familienkunde nur auf einer Klassenstufe unterrichtet würde.

Förderung von fächerübergreifenden Kompetenzen

Neben den bereits erwähnten fächerspezifischen, den lernmethodischen und anderen kognitiven Kompetenzen müssen Lehrer weitere für die Zukunft wichtige Fähigkeiten und Fertigkeiten fördern, die bisher nicht gezielt geschult wurden. Viele von ihnen sind nicht an ein Unterrichtsfach gebunden, sondern sind immer wieder im Schulalltag von Relevanz.

Hier ist vor allem an soziale Kompetenzen zu denken: Zum einen sollten die Schüler im Unterricht lernen, miteinander zu kooperieren, gemeinsam Aufgaben zu bewältigen und einander zu unterstützen. Wenn an Ganztagsschulen Hausaufgaben erledigt werden, können in einem Fach bessere Schüler schlechteren Klassenkameraden helfen – oder ältere Kinder (Tutoren) jüngeren. Zum anderen sollte das Zusammenleben auch dann friedlich verlaufen, wenn keine Erwachsenen anwesend sind. So könnten Klassenlehrer mit ihren Schülern zu Schuljahresbeginn einen Verhaltenskodex entwerfen, wobei das Einhalten der vereinbarten Regeln immer wieder überprüft und Verstöße in der Klasse diskutiert werden müssten. Vor allem aber sollten das in den letzten Jahren immer häufiger auftretende Mobbing und andere Formen der Gewaltausübung durch das klare Ziehen von Grenzen und konsequentes Bestrafen unterbunden werden. Die Schüler sollten lernen, sich für Schwächere einzusetzen und Konflikte friedlich zu lösen. Hier könnten Mitschüler als Streitschlichter oder Lehrer als Mediatoren unterstützend wirken.

Wichtig ist auch die Förderung kommunikativer Kompetenzen. So dürfen Lehrkräfte nicht nur darauf achten, ob Antworten richtig oder falsch sind bzw. zum geplanten Unterrichtsverlauf beitragen, sondern auch, wie sie formuliert sind. Durch Nachfragen, Umformulieren und bei älteren Schülern außerdem durch Kritik können Kinder und Jugendliche dazu geführt werden, längere und komplexere Sätze, passendere Substantive und Verben sowie mehr Adjektive zu verwenden.

Außerdem sollten Schüler zukünftig mehr Gelegenheiten zum Reden im Unterricht haben, also nicht nur Fragen der Lehrer beantworten müssen. Lange und intensive Gespräche könnten sich ergeben, wenn Interessen der Schüler oder aktuelle Probleme aufgegriffen werden (z.B. Nutzung von Online-Spielen, Bezug von „Wegwerfgesellschaft" auf das eigene Verhalten, Umgang mit Flüchtlingen, religiöse und ethnische Konflikte, Terrorismus). Dann lernen Schüler, eigene Gefühle, Gedanken und Meinungen angstfrei zu äußern (da sie nicht benotet werden), auf die Aussagen anderer Personen einzugehen bzw. sie kritisch zu hinterfragen, Wesentliches von Unwesentlichem zu unterscheiden sowie den „roten Faden" des Gesprächs zu erkennen und zu verfolgen.

Kommunikative Kompetenzen gehen aber weit über das Formulieren sprachlich guter Sätze oder die Verwendung der dekontextualisierten Sprache (s.o.) heraus. Kinder und Jugendliche müssen z.B. auch lernen, offen und authentisch zu kommunizieren, kongruente Botschaften zu senden (bei denen verbale Aussage und nonverbales Verhalten übereinstimmen) und ihre Aussagen bei Bedarf zu klarifizieren, Gefühle angemessen auszudrücken und auf die Emotionen anderer empathisch zu reagieren, den Blickkontakt zu suchen, andere ausreden zu lassen und ihnen aktiv zuzuhören, ihr Verständnis zu signalisieren oder ansonsten nachzufragen. Ferner sollten sie mit Feedback und Metakommunikation umgehen können.

Zu den emotionalen Kompetenzen gehört nicht nur der angemessene Gefühlsausdruck, sondern auch die Fähigkeit, die eigenen Emotionen erst einmal wahrzunehmen. Vor allem männliche Schüler haben damit oft Probleme. Lehrer und insbesondere in außerunterrichtlichen Situationen tätige Erwachsene könnten gelegentlich nachfragen: „Und was empfindest du jetzt?" oder „Wie fühlst du dich?" Viele (männliche) Schüler müssen auch lernen, die Gefühle anderer wahrzunehmen, also z.B. aus deren Gesichtsausdruck, Körperhaltung und Stimmlage zu erschließen, und deren Emotionen richtig zu identifizieren bzw. zu benennen. Zudem muss die Selbstbeherrschung unterstützt werden. Insbesondere in den Pausen und bei Angeboten an (Ganztags-) Schulen, die nicht zu den Lernfächern gehören (s.o.), ergeben sich immer wieder Situationen, in denen emotionale Kompetenzen gefördert werden können.

Dasselbe gilt für die Entfaltung der kindlichen Persönlichkeit, also für die Entwicklung von Reife und Mündigkeit, die Ausbildung eines positiven Selbstbildes, die Identitätsfindung und die Übernahme der Geschlechtsrolle. Je mehr Schüler über ihr eigenes Lernen bestimmen, sich gemeinsam mit anderen Kenntnisse aneignen und zwischen vielen extracurricularen Aktivitäten wählen können, umso selbständiger müssen sie werden. Zugleich sollten sie Verantwortung für die eigene Schulleistung übernehmen – aber auch für das eigene Verhalten, den eigenen Körper, die eigene Gesundheit und den eigenen Medienkonsum. Persönlichkeitsentwicklung und Verantwortungsübernahme könnten in Zukunft stärker durch erlebnispädagogische Projekte, Praktika in sozialen Einrichtungen, die Mitarbeit in Schülerfirmen, die Mitwirkung in Schulgremien oder die Tätigkeit als Mentor bzw. Streitschlichter unterstützt werden.

Wenn für den Unterricht vermehrt aktuelle Kinder- und Jugendliteratur ausgewählt würde, könnten die dort thematisierten Entwicklungsaufgaben diskutiert und Schülern in dem entsprechenden Alter bei deren Bewältigung geholfen werden. In diesem Zusammenhang könnte auch über die Zukunftsvorstellungen der Kinder und Jugendlichen gesprochen werden. Dabei können Lehrer das im ersten Teil dieses Buches skizzierte Zukunftswissen einbringen, aber auch den Schülern Methoden der Zukunftsforschung vermitteln: So könnten diese z.b. positive, negative und realistische Szenarien für ihr eigenes Leben in 10 oder 20 Jahren entwickeln und miteinander diskutieren. Dabei könnten Lehrer auf Zukunftsängste oder Gefühle der Sinnlosigkeit eingehen. Edward Cornish, der Gründer der World Future Society, fordert in diesem Zusammenhang, dass junge Menschen lernen sollten, die vielen Chancen, die sie in Wirtschaft und Gesellschaft haben, wahrzunehmen sowie realistisch und optimistisch zu bewerten. Wenn sie die Fähigkeit der Voraussicht besäßen, würden sie ihr Leben längerfristig planen und öfters die sofortige Befriedigung von Bedürfnissen aufschieben.

Soziale, emotionale und personale Kompetenzen können besonders gut bei Angeboten von Ganztagsschulen entwickelt werden, die zwischen den Lernfächern liegen, also z.B. bei Sport-, Musik-, Kunst-, Theater-, Hauswirtschafts- und Hobbykursen sowie bei Gesprächs- und Arbeitskreisen (deren Besuch oft freiwillig ist bzw. nicht benotet wird). In Zukunft könnten zu ihrer Förderung außerdem vermehrt besondere Programme eingesetzt werden, wie sie in der Form von Selbstbehauptungstrainings oder Programmen zur Gewalt- bzw. Suchtprävention schon jetzt vorliegen. Positive Erfahrungen wurden an vielen Schulen auch mit dem „Skill-Unterricht" gesammelt: In diesem Fach werden Sozialkompetenzen (z.B. akzeptables Verhalten in der Klassengemeinschaft, Wege zur Lösung von Konflikten), kommunikative Kompetenzen (z.B. Gesprächsregeln, aktives Zuhören, Beteiligung an Gruppendiskussionen, Rhetorik), Lernkompetenzen (z.B. richtiges Erledigen von Hausaufgaben, sinnvolle Vorbereitung auf Prüfungen, Konzentrationsübungen, Zeitplanung, Methoden des wissenschaftlichen Arbeitens, Recherchetechniken in Bibliotheken) und IT-Kompetenzen (Erlernen relevanter Computerprogramme, richtige Nutzung des Internets) vermittelt. Diese Fähigkeiten werden dann in den anderen Schulfächern gepflegt und weiter ausgebildet. Ferner können Fertigkeiten vermittelt werden, die für den nächsten Entwicklungsschritt relevant sind (z.b. gegen Ende der Schulzeit das Schreiben von Bewerbungen und das richtige Verhalten bei Vorstellungsgesprächen).

Bildungsmethoden

Zur Vorbereitung auf die Wissensgesellschaft ist von großer Bedeutung, dass dem Schüler im Lernprozess eine viel aktivere und eigenverantwortlichere Rolle zugewiesen wird als dies derzeit der Fall ist. Er sollte zu einem „Entdeckungsreisenden" werden, der sich im kritischen Austausch mit anderen Schülern und Erwachsenen selbsttätig neues Wissensterrain erschließt und zum Experten für sein eigenes Lernen wird. Bildung muss zu einem selbst gesteuerten, entdeckenden, „lustvollen" und sozial eingebetteten Prozess werden, der nicht nur eine aktive Wissenskonstruktion, sondern auch den Erwerb und die Anwendung fachspezifischer Methoden und Arbeitsmittel, das Lösen von Problemen sowie die Ausbildung ganz unterschiedlicher Kompetenzen beinhaltet (s.o.). Lernwille und Freude am Lernen, das kritische Überprüfen des eigenen Lernprozesses, Frustrationstoleranz sowie das Erlangen von Selbstvertrauen und Zuversicht in die eigenen Fähigkeiten sind weitere wichtige Aspekte.

Dementsprechend sollten Lehrer zu „Managern von Lernprozessen", zu „Coachs", „Tutoren" und „Lernberatern" werden, die Kinder und Jugendliche auf deren individuellen Bildungswegen partnerschaftlich begleiten. Sie müssen die Lern- und Leistungsbereitschaft der Schüler wahrnehmen und nutzen, ihre Neugier wecken, sie immer wieder durch neue Anregungen herausfordern, sie zu größeren Anstrengungen anstacheln, ihnen benötigte Informationen geben, sie ermutigen und bei Bedarf unterstützen. Ferner müssen sie Lernteams organisieren, den Austausch zwischen den Teilnehmern fördern und gemeinschaftliche Lernprozesse moderieren. Eine weitere Aufgabe der Lehrer ist, die Ergebnisse aus den individuellen und sozialen Lernarrangements „einzufangen" und so zu strukturieren, dass auf ihnen aufgebaut werden kann.

Dies sind letztlich keine neuen Erkenntnisse. Wie z.B. der Erziehungswissenschaftler Ulrich Herrmann verdeutlichte, wissen Pädagogen und Psychologen im Grunde schon seit dem ausgehenden 18. Jahrhundert, wann Lernen dauerhaft erfolgreich ist: Durch Anregungen, praktische Herausforderungen, die subjektiv Sinn machen, und individuell zugemessene Anforderungen, die also den jeweiligen Schüler weder unter- noch überfordern, sollten Lehrer Neugier und Wissbegierde fördern, sodass das Kind bzw. der Jugendliche von sich aus selbsttätig wird und sich relevante Kenntnisse und Kompetenzen aneignet. Dabei sollte der einzelne Schüler die von ihm benötigte Zeit selbst bestimmen können, weil Zeitdruck das Gehirn „blockiere", und auch Fehler machen dürfen, da diese Lernchancen seien. Feedback und Lob, vor allem aber die mit der Bewältigung neuer Herausforderungen verbundenen Erfolgs- bzw. Selbstwirksamkeitserlebnisse, würden den Schüler auf dem Weg der eigenständigen Selbstbildung bestätigen sowie seine Lernfreude und intrinsische Motivation erhalten. Wichtig wären außerdem ein Wechsel zwischen Anspannung und Entspannung, viele Gelegenheiten zum Üben und Wiederholen sowie sinnvolle und Spaß machende praktische Arbeiten.

Auch in Zukunft wird man nicht auf den Frontalunterricht verzichten können, da er die effektivste und effizienteste Form der Wissensvermittlung ist. Er sollte aber maximal 30 Minuten dauern, da auch ältere Schüler nicht länger konzentriert zuhören können. Laut Hirnforschung ist das Arbeitsgedächtnis bei ganz neuem Lernstoff bereits nach fünf Minuten überfordert.

Viel wichtiger als die „klassische" frontale Unterweisungssituation sind aber Lernformen, die eine größere Bandbreite von Kompetenzen als den reinen Wissenserwerb fördern und den vorgenannten Erkenntnissen entsprechen. Dazu gehören beispielsweise:

• die freie Arbeit, bei der jeder Schüler für sich entweder vorgegebene Aufgaben erledigt, zwischen verschiedenen Themen wählen kann oder sich (in Absprache mit dem Lehrer) einer selbst gestellten Frage widmet. Die einzelnen Arbeitsaufträge können auch dem Leistungsstand des jeweiligen

Schülers angepasst und von ihm in seinem Lerntempo erledigt werden.

- die Partnerarbeit, bei der z.B. eine Thematik mit einem Klassenkameraden besprochen oder mit ihm ein Lernstoff eingeübt wird. Die beiden Schüler unterstützen einander.
- die Gruppenarbeit, bei der in kleinen Teams ein Thema oder verschiedene Aspekte desselben diskutiert oder ein (Lern-, Forschungs-) Auftrag erledigt wird. Hier kommen die Stärken einzelner Schüler zum Tragen, während gleichzeitig ihre Schwächen durch die anderen ausgeglichen werden. Sie müssen miteinander kooperieren und gemeinsam handeln.
- das Stationenlernen: Anhand eines Laufzettels werden verschiedene Stationen (im Klassenraum) aufgesucht und dort bestimmte Aufgaben oder Übungen anhand ausliegender Anleitungen und Materialien erledigt. Diese ermöglichen häufig unterschiedliche Zugänge zu einem Thema oder beziehen sich auf Teilbereiche. Oft müssen Schüler je nach Leistungsstand andere oder mehr bzw. weniger Stationen durchlaufen; häufig gibt es sowohl Pflicht- als auch Wahlstationen.
- der Werkstattunterricht: Im Klassenraum liegen unterschiedliche Materialien zu einem oder zu mehreren Themen auf den Tischen. Die Schüler müssen sich für einen Tisch entscheiden.
- der offene Unterricht: Hier werden die Schüler an der Planung und Realisierung ihres Lernens beteiligt, indem sie mitbestimmen, welche Themen wie behandelt und was für Aktivitäten wann durchgeführt werden.
- Projektarbeit: Über einen längeren Zeitraum hinweg wird ein Thema verfolgt, wobei die Schüler in hohem Maße die Ziele, die Inhalte und den Verlauf des jeweiligen Projekts mitbestimmen. Durch die intensive Beschäftigung mit der jeweiligen Fragestellung entwickeln sie ein tieferes Verständnis und erwerben mehr Sach- und Methodenkompetenz. Häufig muss das Schulgebäude verlassen werden, um je nach Thematik bestimmte Orte (in der Natur oder in der Gemeinde; Betriebe, Institutionen, Forschungseinrichtungen, Ateliers usw.) aufzusuchen oder Fachleute zu interviewen. Es können

auch mehrere Projekte gleichzeitig in einer Klasse stattfinden, die dann von Kleingruppen, aber auch von einzelnen Schülern durchgeführt werden. Ferner werden an einigen Schulen klassenübergreifende oder Schulprojekte realisiert (Beim fächerübergreifenden Unterricht wird ähnlich wie bei Projekten ein komplexes Thema aufgegriffen und gleichzeitig in verschiedenen Schulfächern behandelt, also z.b. das Thema „Wasser" in Physik, Geografie, Biologie, Sport und Musik. Hier arbeiten aber in erster Linie die Fachlehrer zusammen, um den Schülern ein Lernen in Zusammenhängen zu ermöglichen).

Bei all diesen Lernformen treten die Lehrer in den Hintergrund, übernehmen eine eher beobachtende Rolle und unterstützen die Schüler nur bei Bedarf. Diese lernen weitgehend selbständig bzw. in einem Team, in dem sich in der Kooperation mit anderen Informationen leichter sammeln und in Korrekturschleifen überprüfen lassen. Die Schüler müssen oft ihre Arbeitsergebnisse schriftlich, mündlich oder multimedial präsentieren, wobei die Redaktionsarbeit zusätzliche Lernmöglichkeiten eröffnet.

Noch weiter als diese zukunftsorientierten Lernformen geht die in manchen Schulen praktizierte Individualisierung des Lernens: Hier kann jeder Schüler in einem vorgegebenen Rahmen sein Lernprogramm, die täglichen Arbeitsschwerpunkte und sein Lerntempo selbst bestimmen. Bei der Verwendung von Wochenplänen erhalten die Schüler am Anfang der Woche Pflicht- und Wahlaufgaben, die sie in den für die Wochenplan-Arbeit reservierten Stunden erledigen sollen – in welcher Reihenfolge oder wie schnell, ob alleine, mit einem Freund oder in einem Team ist ihnen frei gestellt. Je nach Leistungsfähigkeit der Schüler können es auch leichtere oder schwierigere Aufgaben sein. Die Lehrer sind während dieser Stunden anwesend und stehen für Rückfragen oder eine individuelle Lernbegleitung zur Verfügung.

An einigen Schulen ist sogar nahezu das ganze Lernen selbstorganisiert und -verantwortet. Hier werden den Schülern zumeist für ein Halbjahr klar definierte Lernziele und -inhalte vorgegeben – oft nach einer Lernstandsanalyse angepasst an das individuelle Leistungsvermögen eines Kindes. In den verschiedenen Räumen der Schule, in Lernwerkstätten, Labors und Ateliers liegen Bücher, Gegenstände und Materialien aus, die während dieses Schulhalbjahres benötigt werden. Zu Beginn eines Tages oder einer Woche legen die Schüler z.B. mit Hilfe eines Logbuches fest, was sie in diesem Zeitraum lernen wollen. Hier werden auch Lernwege dokumentiert; die Lernergebnisse werden anhand vorgegebener Kriterien ausgewertet. In welcher Reihenfolge, zu welcher Zeit, in welchen Räumen, mit was für einem Zeitaufwand und mit welchen Mitschülern die Aufgaben erledigt werden, ist jedem Kind bzw. Jugendlichen frei gestellt. So können sich auch altersgemischte Arbeitsgruppen bilden, in denen vom Leistungsstand her ähnliche Schüler kooperieren oder jüngere von älteren Schülern lernen. Die Lehrer schaffen eine anregende Lernumgebung, führen Aufsicht, beobachten, geben Anregungen, stellen Materialien zur Verfügung, beantworten Fragen, beraten und bieten bei Bedarf eine individuelle Förderung an.

Ob sich in Zukunft ein weitgehend selbstorganisiertes Lernen an Schulen durchsetzen wird, ist fraglich – es muss aber mehr eigenständiges, aktives, forschendes und entdeckendes Lernen in Zusammenarbeit mit Klassenkameraden geben. Auch Hausaufgaben, die an Ganztagsschulen von den Schülern mehr oder minder zur gleichen Zeit erledigt werden, könnten mehr kooperative Elemente enthalten. Da in der Schule vorhandene Materialien und Räume genutzt werden können, lassen sich Hausaufgaben außerdem mit kreativen Tätigkeiten, Experimenten, Rechercheaufgaben und praktischen Aktivitäten verbinden.

In Zukunft werden traditionelle Schulbücher zunehmend durch E-Books ersetzt werden, die preiswerter sind und schneller aktualisiert werden können. Auch die Schultafel hat ausgedient: Auf digitalen Whiteboards können Schüler mit Informationen interagieren, sie verschieben, selektieren, ordnen und bewerten. Ferner können auf ihnen Bilder, Animationen und Filme gezeigt werden. So werden im Unterricht mehr Sinne angesprochen, was vor allem für diejenigen Schüler vorteilhaft sein dürfte, die Informationen nicht so gut durch Zuhören aufnehmen – und das dürften immer mehr Kinder und Jugendliche sein, da die neuen Medien die visuelle Wahrnehmung bevorzugen. Zudem ist empirisch belegt, dass man besser lernt, wenn

Informationen multimedial – also auf verschiedenen Kanälen – präsentiert werden.

Außerdem müssten in Zukunft vermehrt Computer benutzt werden, da zum einen interaktive Lernprogramme eine stärkere Berücksichtigung des Lernstandes eines Schülers und damit ein individualisiertes Lernangebot ermöglichen und da zum anderen der Zugang zum Internet mit der dort vorhandenen Unmenge an Informationen eröffnet wird. Außerdem würde hierdurch die immer noch bestehende digitale Kluft zwischen Familien mit und ohne Computer überwunden und vielen Schülern verdeutlicht, dass PCs für mehr als nur für Spiele eingesetzt werden können – nämlich auch für virtuelles Lernen. Digitale Bildung hat fächerübergreifend zu erfolgen. Bundesländer und Kommunen müssen sicherstellen, dass an allen Schulen moderne Informationstechnologie und aktuelle Software vorhanden sind sowie dass Lehrer regelmäßig hinsichtlich ihrer Verwendung fortgebildet werden und Computer kontinuierlich im Unterricht einsetzen.

Ideal wäre es, wenn jeder Schüler ab einer bestimmten Klassenstufe einen eigenen Laptop mit Internetanschluss erhalten würde. So könnten sich Lerngruppen auch im virtuellen Raum zusammenfinden – leben Mitglieder in anderen Ländern, könnten zugleich Fremdsprachenkenntnisse angewandt werden. Alle Schüler sollten lernen, Computer z.B. für Textverarbeitung, Programmieren, Präsentationen, Berechnungen, das Komponieren, das Erstellen von Grafiken und das Malen von Bildern zu nutzen, aber auch für die Ideenfindung und die Umsetzung eigener Ideen. Sie benötigen Freiräume, um in digitalen Umwelten künstlerisch und kulturschaffend tätig werden zu können. Dabei könnten Digitalkamera und Handy eingesetzt werden, um z.B. Kurzfilme zu drehen oder Interviews aufzunehmen. Jugendliche sollten oft die Möglichkeit zu Multimediadarstellungen haben und im Umgang mit der dafür benötigten Software geschult werden. Alle Kinder sollten frühzeitig in der Schule Maschineschreiben lernen.

Wie bereits erwähnt, gibt es inzwischen bildende Computerspiele, mit deren Hilfe sehr komplexe Vorgänge wie z.B. Abläufe und Entscheidungsprozesse in Unternehmen lebensnah simuliert werden. Hier müssen Schüler verschiedene Rollen übernehmen, praktische Aufgaben bewältigen und Probleme in Zusammenarbeit mit anderen lösen, wobei Kreativität, Fantasie, strategisches Denken und das Lernen durch Experimentieren sowie aus Versuch und Irrtum eine große Rolle spielen. Aber auch Spiele im Internet könnten von Lehrern genutzt werden: In virtuellen Welten können Schüler ihre Umwelt selbst kreieren, also z.B. Landschaftsformen, Klimazonen oder Gebäude aus verschiedenen Epochen der Menschheitsgeschichte bzw. aus gegenwärtigen Kulturräumen nachbilden. Das setzt einerseits voraus, dass sich die Schüler das notwendige Fachwissen aus Bereichen wie Geografie, Architektur, Geschichte und Biologie selbst aneignen, und andererseits, dass sie den Umgang mit den benötigten Werkzeugen erlernen. Hier wird nicht nur Fachwissen miteinander verknüpft, das traditionell in unterschiedlichen Schulfächern unterrichtet wird, sondern es wird auch praktisch angewendet – was nicht nur die Relevanz dieser Kenntnisse für den Schüler zeigt, sondern auch den Lernerfolg verstärken dürfte.

Zu überlegen wäre, ob nicht eine höhere Qualität schulischer Bildung erreicht werden könnte, wenn im Auftrag des jeweiligen Bundeslandes ein Teil der Lehrplaninhalte von erfahrenen Lehrern und Mediengestaltern multimedial und interaktiv aufbereitet und in das Internet eingestellt werden würde. Es könnten so Unterrichtselemente entstehen, die entweder von den Lehrern während des „normalen" Unterrichts per Beamer „eingeblendet" oder von den Schülern selbständig genutzt werden (z.B. bei der Frei- oder Partnerarbeit, am Nachmittag während der Hausaufgabenzeit, im Rahmen von Projekten oder bei Unterrichtsausfall). Da mehrere Fachleute an dem jeweiligen Unterrichtselement mitgearbeitet haben, kann eine hohe Qualität desselben sichergestellt werden, und durch die multimediale, dreidimensionale und interaktive Aufbereitung werden Lernmotivation und -erfolg bei den Schülern wahrscheinlich höher sein.

Neue Bewertungsverfahren

Sicherlich haben die in den letzten Jahren eingeführten Bildungsstandards, Vergleichsarbeiten bzw. Lernstandserhebungen und zentralen Abschlussprüfungen zu einer gerechteren Beurteilung von Schülerleistungen an verschiedenen Schulen geführt. Außerdem erhalten Lehrer ein Feedback über die Qualität ihres Unterrichts.

Zentrale Abschlussprüfungen garantieren vergleichbare Kenntnisse von Schülern, die verschiedene Schulen besucht haben, und sind somit bessere Entscheidungsgrundlagen für Hochschulen und Arbeitgeber bei der Auswahl von Studienbewerbern bzw. Auszubildenden. Sie entsprechen auch voll und ganz den Wünschen von 72% der mehr als 130.000 Personen, die an der Bürgerbefragung „Zukunft durch Bildung – Deutschland will's wissen" teilgenommen hatten; weitere 20% stimmten „eher" zu.

Jedoch fokussieren diese Prüfungen zum einen auf rein kognitiven Kompetenzen und zum anderen auf den Leistungen des einzelnen Schülers – dasselbe gilt für nahezu alle an Schulen durchgeführten Klassenarbeiten und mündlichen Prüfungen. So bleiben einerseits die anderen Kompetenzbereiche unberücksichtigt, die doch für die Zukunft so wichtig sind. Andererseits werden die Leistungen von Arbeitsgruppen nicht bewertet, obwohl in Wirtschaft, Wissenschaft und Verwaltung schon jetzt nur noch Teamarbeit die gewünschten Ergebnisse zeitigt. Außerdem führt eine häufige schlechte Benotung zur Demotivierung des Schülers; Lernfreude und Leistungsmotivation lassen nach. Wird jedoch die Arbeit eines Teams bewertet, so können auch schlechte Schüler Selbstwertgefühl und Selbstbewusstsein aus dem kooperativen Handeln und dem gemeinsam erreichten Ziel ableiten.

Deshalb sollten in Zukunft häufiger Bewertungsverfahren eingesetzt werden, bei denen das Feedback (also nicht die Zensur) im Vordergrund steht, die alle Kompetenzbereiche berücksichtigen, bei denen eine Selbstbeurteilung der eigenen Leistung möglich ist oder mit denen gemeinschaftliche Arbeitsergebnisse von zwei und mehr Schülern gemessen werden können. Dazu gehören:

- Lernjournale, in die Schüler am Ende einer jeden Stunde notieren, was sie gelernt haben,
- Reflexionsbögen, mit deren Hilfe Schüler in bestimmten Abständen den eigenen Lernfortschritt bzw. -ertrag bewerten,
- Lernentwicklungsberichte, in denen der individuelle Lernfortschritt beschrieben und Wege aufgezeigt werden, wie eventuelle Lerndefizite behoben werden können,

- Filmaufnahmen, anhand derer Schülern bestimmte Verhaltensweisen bewusst gemacht werden können,
- Portfolios, in denen Arbeitsprodukte gesammelt werden, die individuelle Lernerfolge und erworbene Kompetenzen widerspiegeln,
- Einschätzskalen, mit deren Hilfe der Lehrer oder der einzelne Schüler Stärken und Schwächen in verschiedenen Entwicklungsbereichen beurteilen kann, sodass Kompetenzprofile entstehen,
- Lernzielkataloge, die sich auf einen längeren Zeitraum (z.B. ein Schulhalbjahr) beziehen, mit vorher festgelegten Kriterien, anhand derer die kognitive, soziale und personale Entwicklung des Schülers von ihm selbst oder vom Lehrer bewertet werden kann,
- Berichtszeugnisse, die keine Noten enthalten, sondern eine Beschreibung von Lernprozessen und -ergebnissen, neuen Fähigkeiten und Fertigkeiten,
- Partnerbewertung, bei der die Klassenkameraden Punkte für die von einem Schüler erbrachte Leistung (z.B. ein Referat oder eine Präsentation) vergeben oder einen Feedbackbogen ausfüllen,
- Gruppenjournale oder Projektlogbücher, in denen Arbeits- bzw. Projektgruppen ihren Lernfortschritt reflektieren, sowie
- Beurteilung der Qualität der Mitwirkung und des Beitrags eines einzelnen Schülers zu einem gemeinsamen Ergebnis durch die anderen Mitglieder der Arbeitsgruppe, eventuell in Verbindung mit einer Selbstbewertung (z.B. anhand von Fragebögen).

In Einzelfällen könnten auch psychologische Tests eingesetzt werden, um z.B. besondere Begabungen oder Lernstörungen zu diagnostizieren. Sie sollten aber nur von Fachleuten wie z.B. Schulpsychologen verwendet werden.

An manchen Schulen wurde inzwischen das Sitzenbleiben (weitgehend) abgeschafft. Hier wird durch individuelle Förderpläne und entsprechende -angebote erreicht, dass schlechte Schüler eine Klasse nicht wiederholen müssen.

Die bisher Benachteiligten besser unterstützen

Je weniger Kinder es gibt, umso wichtiger wird, dass im Schulsystem die Potenziale aller Kinder entfaltet werden. Nur so kann dem sich abzeichnenden Fachkräftemangel begegnet werden. Hinzu kommt, dass je geringer die Mittel für Sozialleistungen in Zukunft werden, umso dringlicher Kinder und Jugendliche so gefördert werden müssen, dass sie später nicht auf Heimunterbringung, Sozialhilfe, Arbeitslosengeld, Drogenentzug, Resozialisierungsmaßnahmen und Ähnliches angewiesen sind.

Nach vielen internationalen Vergleichsstudien ist das deutsche Bildungssystem in besonders hohem Maße sozial selektiv: Vor allem Kinder aus bildungsfernen Schichten, mit Migrationshintergrund oder (leichten Lern-) Behinderungen werden frühzeitig aussortiert und verlassen oft die Schule ohne Abschluss. Viele von ihnen erhalten keinen Ausbildungsplatz und müssen dann im Übergangssystem nachqualifiziert werden. Aber auch dann finden sie häufig keinen Arbeitsplatz bzw. werden öfters arbeitslos. Laut einer Studie des ifo Instituts für Wirtschaftsforschung im Auftrag der Bertelsmann Stiftung zählen rund 20% der Jugendlichen zu den unzureichend gebildeten Risikoschülern. Die Folgekosten durch entgangenes Wirtschaftswachstum werden hier mit rund 2,8 Billionen Euro beziffert.

Deshalb sollten in Zukunft Kinder aus bildungsfernen Schichten bzw. mit Migrationshintergrund intensiver gefördert werden. Sie werden besonders von einem flächendeckenden Ausbau von Ganztagsschulen profitieren, weil hier das Bildungsangebot umfassender ist und mehr Zeit für (individuelle) Fördermaßnahmen zur Verfügung steht. Auch müssen sie in Ganztagsschulen ihre Hausaufgaben unter Aufsicht erledigen und können dabei eine Unterstützung erfahren. Zudem sind Migrantenkinder länger der deutschen Sprache ausgesetzt. Vor allem aber sollten zukünftig ihre Ressourcen mehr berücksichtigt und nicht wie bisher ihre Defizite fokussiert werden. So ist das Beherrschen einer anderen Familiensprache – sei es Türkisch, Russisch, Polnisch, Arabisch oder Chinesisch – durchaus als eine Stärke anzusehen und sollte dementsprechend gewürdigt werden. Dann werden sich Schüler mit Migrationshintergrund auch eher emotional akzeptiert fühlen.

Zu den vom Bildungssystem benachteiligten Kindern gehören auch immer mehr Jungen: Ihre Schulleistungen sind im Durchschnitt um eine Schulnote schlechter als diejenigen von Mädchen; Jungen bleiben öfter sitzen, erwerben seltener die allgemeine Hochschulreife und brechen häufiger die Schule ab. Aber auch aufgrund ihrer geringeren verbalen und sozialen Kompetenzen sind sie für die Zukunft schlechter gerüstet. Deshalb müssen Lehrer in Zukunft männliche Schüler intensiver fördern, indem sie z.b. mehr „Jungenthemen" bei den Unterrichtsinhalten, der Leselektüre und den Aufsatzthemen berücksichtigen, ihnen länger Leseunterricht erteilen, ihre kommunikativen Fähigkeiten bewusst verbessern und ihrer ambivalenten Haltung gegenüber Lernen und Leistung entgegenwirken. Jungen werden auch von der flächendeckenden Einführung von Ganztagsschulen profitieren, da sie dann nicht mehr weniger Zeit als Mädchen mit Hausaufgaben verbringen und zumindest an fünf Tagen der Woche von ihrem größeren Medienkonsum abgehalten würden. Auch muss die Zahl männlicher Lehrer an Grundschulen erhöht werden, weil Lehrerinnen – die hier überwiegend tätig sind – sich zu sehr an den „braven" Mädchen orientieren und Jungen durch Kritik an ihrem Verhaltens demotivieren würden. Das Rollenmodell und Vorbild männlicher Lehrer würden zugleich der bisherigen Feminisierung der Kindheit entgegenwirken.

In den kommenden Jahren muss Deutschland die UN-Konvention über die Rechte von Menschen mit Behinderungen umsetzen. So dürfen behinderte Kinder nicht länger vom allgemeinen Bildungssystem ausgeschlossen werden; sie haben einen Anspruch auf Inklusion. Laut der Max-Traeger-Stiftung sind die Bundesländer und Kommunen als Schulträger durch die Behindertenkonvention verpflichtet, 80 bis 90% der behinderten Schüler in Regelschulen zu unterrichten.

Die Forderung nach Inklusion hat aber noch weiterreichende Implikationen: Sie betrifft im Grunde jedes Kind, das in Zukunft nicht mehr aufgrund bestimmter Eigenschaften „etikettiert" werden darf (z.B. als behinderter oder hochbegabter Schüler, als Kind mit Migrationshintergrund oder aus einer bildungsnahen Schicht), sondern in seiner Individualität und Einzigartigkeit wahrgenommen und wertgeschätzt werden muss. Jedes Kind ist unterschiedlich, hat verschiedene Stärken und Schwächen. So sollte der Individualisierung des Unterrichts eine noch größere Bedeutung zukommen: Im Grunde müsste der Lehrer für jedes Kind einen eigenen Lehrplan haben, in dem er dessen besonderen (Lern-) Bedürfnisse, Begabungen und Interessen, seine Lernmotivation und sein Leistungsniveau berücksichtigt und nach dem er dessen Kompetenzen fördert (z.b. im binnendifferenzierten Unterricht, in entsprechend zusammengesetzten Kleingruppen oder durch Einzelarbeit mit dem jeweiligen Schüler).

Fazit

Das heutige Bildungssystem macht Kinder und Jugendliche noch nicht in ausreichendem Maße zukunftsfähig. So werden in den Lehrplänen viele zukunftsorientierte Bildungsziele und Lerninhalte nicht genannt. Selbst wenn Lehrer die vorgenannten Kompetenzen und Kenntnisse vermitteln wollen, fällt ihnen dies zumeist schwer, da ein entsprechendes Handeln vielen der während des Studiums und in der Praxis gelernten Einstellungen, Erziehungsmethoden, Unterrichtsstilen und Verfahren der Leistungsmessung bzw. Notengebung widerspricht. Manche Lehrer sind sich auch bewusst, dass sie selbst kein Vorbild für ein zukunftsrelevantes Leben, Denken und Handeln sind. So können sie nur Anstöße geben – die Schüler müssen als junge Erwachsene ihren eigenen Weg finden. Hinzu kommt: Je schneller der technische, wirtschaftliche und gesellschaftliche Wandel verläuft, umso weniger können Schüler auf ihn vorbereitet werden – vor allem allgemeine Kompetenzen wie z.B. Lernfähigkeit, Kreativität und Flexibilität werden ihnen später von Nutzen sein.

Deshalb ist es höchste Zeit für einen neuen bildungspolitischen Aufbruch: Zum einen müssen die Ausgaben für Bildungseinrichtungen stark erhöht werden. Laut der OECD-Studie „Bildung auf einen Blick 2021" lagen sie 2018 in Deutschland mit 4,3% des Bruttoinlandsprodukts unter dem OECD-Durchschnitt von 4,9%. Zum anderen muss eine höhere Qualität der Bildungsangebote erreicht werden, insbesondere durch kleinere Klassen, einen besseren Lehrer-Kind-Schlüssel, Maßnahmen zur Verbesserung der Unterrichtsqualität, Supervision sowie eine zeitgemäße Ausbildung und die kontinuierliche Fortbildung von Lehrkräften in zukunftsorientierter Pädagogik. Auch benötigen Schulen eine modernere Ausstattung mit Informationstechnologie und anderen Lernmaterialien. Sie sollten zu Orten werden, an denen sich Schüler wohl fühlen (z.B. wohnliche Klassenräume mit Teppichen, Bildern und Pflanzen, Flure mit Sofas und Sesseln, schön gestaltete Gemeinschaftsräume wie Kantinen, Rückzugsmöglichkeiten wie Leseecken in der Schulbibliothek).

Politik, Kultusverwaltung und Kommunen als Schulaufwandsträger sollten also mehr Mittel für das Schulsystem bereitstellen. Erstere müssen aber auch Rechtsgrundlagen, (Prüfungs-) Vorschriften und Lehrpläne ändern, damit z.B. weitere Schulfächer eingeführt, fächerübergreifende Kompetenzen geschult sowie neue Bildungsmethoden und Bewertungsverfahren eingesetzt werden können (s.o.).

Wichtig wäre auch eine kontinuierliche externe Evaluation der Schulqualität. Das setzt aber voraus, dass den Bildungseinrichtungen mehr Selbständigkeit, Eigenverantwortung und Gestaltungsfreiheit zugestanden werden, da nur so ein Wettbewerb zwischen ihnen entstehen kann sowie kreative und innovative Kräfte mobilisiert werden können. Staatliche Zuwendungen sollten teilweise an Qualitätskriterien geknüpft werden. Da Privatschulen oft eine Vorreiterrolle bei der Ausbildung neuer Schulprofile übernehmen, sollte ihre Gründung erleichtert werden. Es sollte ein flexibles, anpassungsfähiges und „ertragsorientiertes" Bildungssystem entstehen.

Bei aller Zukunftsorientierung von Bildungsbemühungen darf aber nicht das Recht des Kindes auf Gegenwart ignoriert werden. Auch die aktuellen Bedürfnisse von Schülern sind zu berücksichtigen. Außerdem darf man Bildung nicht immer nur unter dem Aspekt „Leistungsfähigkeit für Wirtschaft und Gesellschaft" sehen, sondern auch unter dem Aspekt „Selbstzweck": Bildung soll zugleich zur Entfaltung des inneren Menschseins und der eigenen Individualität führen.

Ausblick

In diesem Buch wird Zukunftsfähigkeit als das gemeinsame „Produkt" von Familie, Kindertageseinrichtung und Schule – sowie von dem Kind selbst – betrachtet. Im Idealfall liefert die Familie die emotionale Basis und fördert die Persönlichkeitsentwicklung sowie grundlegende Fähigkeiten, Fertigkeiten, Einstellungen und Werthaltungen. Kindertagesstätte und Schule bauen darauf auf, erweitern die Kompetenzen des Kindes und vermitteln ihm immer mehr Wissen (Allgemeinbildung). Im Idealfall kommen in diesen Sozialisationsinstanzen die drei Formen der Bildung gleichermaßen zum Zuge: die Selbstbildung, das ko-konstruktive Lernen zusammen mit Gleichaltrigen und Erwachsenen sowie das Lehren bzw. der Unterricht. Das mag im Verlauf der Bildungszeit wohl in wechselnden Verhältnissen der Fall sein, aber keine Sozialisationsinstanz sollte eine Form der Bildung überbetonen.

Wenn die Zukunftsfähigkeit eine „Ko-Produktion" von Familie, Kindertageseinrichtung und Schule ist, sollten diese eng zusammenarbeiten – zumindest so lange, bis der junge Mensch die Verantwortung für seinen Lebens- und Bildungsweg übernehmen kann. Kindertagesstätte und Schule müssen familienergänzend und Familien kita- bzw. schulergänzend wirken. Gemeinsam ist man stärker! So sollten Eltern, Erzieherinnen und Lehrer in eine Erziehungs- und Bildungspartnerschaft eintreten und häufig besprechen, wie sich das jeweilige Kind entwickelt und wie sie es gemeinsam bestmöglich fördern können. Dabei sind immer auch die Grundrechte und die Individualität des Kindes zu beachten: Letztendlich kann ein Mensch nicht zukunftsfähig „gemacht" werden, sondern er muss selbst die Lernanreize in seiner Umwelt zur Ausbildung der eigenen Kompetenzen sowie die Bildungsangebote zum Wissenserwerb nutzen...

Zu den Quellen

Wie bereits am Anfang dieses Buch erwähnt, wurde auf Zitate und Literaturhinweise verzichtet. Quellen und ergänzende Informationen zu Zukunftstrends und anderen hier angesprochenen Themen können leicht im Internet gefunden werden. Einige (Ab-) Sätze in diesem Buch sind identisch mit Aussagen in anderen von mir verfassten Publikationen.

Autor

Dr. Martin R. Textor, Jahrgang 1954, studierte Erziehungswissenschaft, Beratung und Sozialarbeit an den Universitäten Würzburg, Albany (New York) und Kapstadt. Er arbeitete 20 Jahre lang als wissenschaftlicher Angestellter am Staatsinstitut für Frühpädagogik in München. Vom November 2006 bis Dezember 2018 leitete er zusammen mit seiner Frau das nicht universitäre Institut für Pädagogik und Zukunftsforschung (IPZF) in Würzburg. Seit Januar 2019 ist er Rentner.

Martin R. Textor veröffentlichte 23 Monographien, 23 Fachbücher als (Mit-) Herausgeber, mehr als 470 Artikel in Fachzeitschriften, wissenschaftlichen Zeitschriften und (Hand-) Büchern (ohne graue Literatur), rund 310 Fachartikel im Internet sowie mehr als 720 Rezensionen. Ferner wirkte er an 485 Veranstaltungen – mit mehr als 24.600 Teilnehmer/innen – als Referent oder Fortbildner mit.

Gemeinsam mit Antje Bostelmann gibt Martin R. Textor „Das Kita-Handbuch" heraus (www.kindergartenpaedagogik.de). Ferner ist er Autor der Websites „Zukunftsorientierte Pädagogik" (www.zukunftsorientierte-paedagogik.de), „Zukunftsentwicklungen" (www.zukunftsentwicklungen.de) „Kindertagesbetreuung" (www.kindertagesbetreuung.de) sowie „Elternarbeit in Kita und Schule" (www.elternarbeit.info). Ausführliche Informationen über seine Person und seine Veröffentlichungen können auf www.ipzf.de abgerufen werden. Seine Autobiographie ist unter www.martin-textor.de zu finden.